주기도와 하나님 나라

IVP(InterVarsity Press)는
캠퍼스와 세상 속의 하나님 나라 운동을 지향하는
IVF(InterVarsity Christian Fellowship)의 출판부로서
생각하는 그리스도인을 위한 문서 운동을 실천합니다.

ⓒ 1996 by Tom Wright
Originally published in English under the title
The Lord and His Prayer
by The Society for Promoting Christian Knowledge
36 Causton Street, London SW1P 4ST, England

All rights reserved.

This Korean Edition Copyright ⓒ 2014
by Korea InterVarsity Press, Seoul, Republic of Korea
This Korean edition is translated and used by arrangement
of the Society for Promoting Christian Knowledge
through rMaeng2, Seoul, Republic of Korea

이 한국어판의 저작권은 알맹2 에이전시를 통하여 SPCK와 독점 계약한
IVP에 있습니다. 신 저작권법에 의하여 한국 내에서 보호받는 저작물이므로
무단 전재와 무단 복제를 금합니다.

주기도와 하나님 나라

톰 라이트 | 전의우 옮김

줄리언, 로저먼드, 해리어트, 올리버에게

일러두기
1) 이 책에서 사용한 주기도문은 「21세기 찬송가」(2006)에 수록된 번역이다.
2) 본문 중 독자를 위해 설명이 필요한 내용을 번역자가 각주로 달았다.

차례

머리말 __ 9

1장 하늘에 계신 우리 아버지 __ 19
2장 아버지의 나라가 오게 하시며 __ 35
3장 오늘 우리에게 일용할 양식을 주시고 __ 51
4장 우리 죄를 용서하여 주시고 __ 69
5장 악에서 구하소서 __ 87
6장 권능과 영광이 __ 103

머리말

1

이 책은 1995년 대림절에 리치필드 대성당(Lichfield Cathedral)에서 한 시리즈 설교에서 시작되었다. 이 책의 몇 가지 특별한 강조점은 그런 배경에서 나온 것이다. 하지만 언제 어디서 읽더라도 이 책이 항상 적절한 내용이길 바란다. 이 책이 나오게 된 경위에 관해 몇 마디 덧붙이면 도움이 될 것 같다.

나는 지난 10년 동안 예수님의 역사적 삶을 학문적으로 연구했으며, 그 열매를 일반 청중과 나눌 시간이 있기를 줄곧 바랐다. 그저 또 하나의 강의를 쓰고 싶지는 않았다. 내가 이른 결론이 옳다면, 그것은 예배하고 증언하는 교회 생활 속에서 한데 어우러져야 마땅하다.

예수님의 메시지는 하나님 나라의 도래에 생각을 집중하라고 요구한다. 이것은 엄청나게 크고 어려운 개념이다. 그래서 나는 이 책에서 그 개념에 집중하면서도, 범위를 좁혀 특별히 한 곳에 초점을 맞추려 했다. 다름 아니라 예수님이 가르쳐 주신 기도, 이른바 '주기도'다. 예수님이 불의와 굶주림과 적의와 악이 가득한 세상에서 사셨듯이, 오늘 우리도 그런 세상에서 살아간다. 주기도는 정의와 빵과 용서와 해방을 부르짖는다. 혹시 이것이 오늘의 세상과 무관하다고 생각하는 사람이 있다면, 신문을 읽으며 다시 생각해 보라.

나는 예수님이 처했던 역사적 상황 속에서 그분을 연구했고, 그럴수록 주기도야말로 어떻게 예수님이 시대의 표적을 읽어 내고 거기에 반응하셨는지를, 어떻게 그분이 자신의 소명과 사명을 이해하셨고 자신을 따르는 이들에게도 이 소명과 사명에 참여하라고 초대하셨는지를 매우 농축된 형태지만 완전하고 정확하게 요약한다는 것을 더 분명히 볼 수 있었다. 따라서 주기도는 예수님을 보게 하는, 그분이 어떤 분이셨는지 발견하게 하는 렌즈와도 같다.

제자들에게 이 기도를 주셨을 때, 예수님은 자기 호흡의 일부를, 자기 삶의 일부를, 자기 기도의 일부를 주신 것이었다. 실제로 주기도는 예수님이 자신의 소명을 어떻게 생각하셨고, 아버지의 목적을 어떻게 이해하셨는지를 집약해서 보여 준다. 우리가 진정으로 주기도 속으로 들어가 이 기도를 자신의 기도로 삼으려면, 먼저 예수님이 하나님 나라를 어떻게 삶으로 사셨는지 알아야 한다.

이 책의 출발점이 된 시리즈 설교에서 주기도를 주제로 선택한 또 다른 이유는 '리치필드 대성당 전략 계획'에서 우리가 제시한 목적 때문이다. 이 계획은 지난 2년 동안 참사회[1]에서 더 구체화되었다. 거기에는, 우리가 가장 먼저 취해야 할 행동은 '대성당의 기도 생활을 진전시키는 것'이라는 내용이 있다. 이것은 '하나님 나라 확장'이라는 제목의 '리치필드 교구 전략 계획'과 아주 잘 들어맞는데, 키스 서튼(Keith Sutton) 주교는 '예배와 기도'를 우리가 제시한 목표에서 첫째 자리에 두었다.

물론, 대성당으로서 우리가 지닌 핵심 과제 가운데 하나는 전체 교구를 위한 기도 발전소가 되는 것이다. 앞서 색슨 양식의 성당과 노르만 양식 성당이 있던 자리에 세워진, 현재의 고딕 양식 대성당이 1995년에 800주년을 맞았고, 우리는 이를 기점으로 새로운 아이디어와 프로그램을 다양하게 전개하고 있다. 이 책의 발판이 된 시리즈 설교는 800주년 축하가 절정에 이르고 난 얼마 후에 시작되었다. 떠들썩하고 가슴 뛰는 그 모든 축제가 끝나고 다들 한숨 돌렸을 때, 나는 우리 삶에서 더없이 중요한 주제라고 누구나 동의하는 일, 곧 기도로 생각을 돌리는 것이야말로 1995년을 마무리하는 더없이

---

[1] 참사회(chapter)란 교구 혹은 수도회에서 주교나 수도원장의 자문에 응하여 행정에 관한 안건을 심의하는 자문 기구다.

좋은 길이라고 생각했다.

예수님이 친히 가르쳐 주신 기도보다 더 나은 출발점이 어디 있겠는가? 그리스도인들은 우리 대성당에서 지금까지 거의 1,300년 동안 예배를 드렸다. 참으로 멋진 일이다. 우리는 이 사실을 소중하고 놀랍게 여긴다. 그렇다면 지금까지 거의 2천 년 동안 **그리스도인들이 이 기도를 드렸다는 사실**을 소중하고 놀랍게 여기는 것이 더더욱 마땅하지 않겠는가? 우리 입술로 이 기도를 드릴 때, 우리는 거룩한 땅에 서 있는 셈이다.

2

물론, 기도는 신비다. 아주 흔하게 듣는 말이다. 그런 까닭에, 많은 사제를 비롯해 많은 그리스도인이 기도가 쉽지 않다고, 기도가 무엇을 하는지, 무엇을 할 수 있는지 잘 모르겠다고 여긴다. 많은 사람이 이러한 당혹감을 막연하게 넘겨 버린다. 마치 이런 사실 때문에 자신이 일종의 이류 시민이 된 것처럼 말이다. 어떤 평신도들은 기도 생활에 대해 물으면, "기도요? 그건 사제의 몫이 아닌가요?"라고 되물을 것이다. 어떤 사제들은 "기도요? 그렇게 엄숙한 일은 수사와 수녀들에게 맡겨야지요"라고 대답할 것이다. 수도원에 계시는 어떤 분들은 "글쎄요. 모두가 신비주의자가 될 수는 없지 않나요?"라고 되물을 것이다.

하지만 내 생각은 다르다. 물론, 성경에는 기도가 어렵고 신비로운 것이라는 증언이 꽤 있다. 유명한 구절에서 바울은 "우리는 마땅히 기도할 바를 알지 못하며" 따라서 하나님의 성령이 우리를 도우시고 우리를 붙잡아, 살아 계신 하나님과 세상의 아픔 사이의 고통스런 대화로 이끌어 들이시도록 의지해야 한다고 말한다. 설령, 무슨 일이 일어나고 있는지 우리가 실제로 이해하지 못한다 해도 말이다(롬 8:18-27). 이 사실은 우리를 겸손하게 하며, 또한 격려가 되기도 한다.

참으로 진지한 기도의 세계를 오래 여행한 사람들도, 돌아와서는 기도는 여전히 큰 신비이고, 즉각적이고 분명한 보상이 거의 따르지 않는 매우 힘든 일인 경우가 많다고 말한다. 그러나 이들은 기도에 관해 놀라운 사실을 덧붙인다. 기도는 독수리처럼 날갯짓하며 날아오르는 일이고, 영광에서 영광으로 이르는 일이며, 하나님이 그분을 사랑하는 자들에게, 사람이 이해하지 못하는 좋은 것들을 준비해 주시는 일이라는 것이다. 모세처럼 '무지의 구름' 속으로 사라지는 사람들은, 돌아올 때 그 얼굴이 빛남에도 불구하고 정작 자신은 그 사실을 모를 때가 많다.

이러한 신비를 추구할 때, 예수님이 친히 가르쳐 주신 기도보다 더 나은 출발점이 있겠는가? 물론 '주기도'는, 신약 성경의 모든 부분처럼 엄격한 역사적·신학적 분석 주제가 되어 왔다. 나는 이러한 학문적 연구를 통해 많은 것을 배웠다. 그러나 이 책은 학자들을 인용하거나, 내가 학자들과 벌인 다양한 논의를 소개하는 자리가 아니다. 그러한 부분을 알고 싶다면, 요아킴 예레미아스(Joachim Jeremias)의 「예수의 기도」(The Prayers of Jesus, SCM)를 보라. 이후에도 학자들이 다양한 방식으로 논의를 전개했다. J. L. 호울든(Houlden)이 주기도에 관해 쓴 좋은 글도 있는데, 매우 유용한 「앵커 바이블 사전」(Anchor Bible Dictionary)에 실려 있다. 그뿐 아니라 주기도에 관한 여러 중요한 주석이, 마태복음과 누가복음 주석의 관련 단락과, 예수님을 다룬 여러 책에 실려 있다. 이런 것들도 읽어 보기를 권한다.

당신은 어떻게 기도를 시작하는가? 우리 시각으로 보면, 매우 분명한 우선순위가 있다. 우리는 대개 일종의 진창에 빠져 있고, 하나님께 여기서 우리를 건져 달라고 기도한다. 그런 후에, 대개 긴급한 필요들을 제시하고, 하나님께 이것들을 공급해 달라고 기도한다. 그러다 보면 더 큰 세상이 있다는 사실이 퍼뜩 떠오르는 때가 온다. 다시 한 번, 진창에서 요구로 옮겨간다. "중동 문제를 해결해 주시고, 주린 자들을 먹여 주시며, 집 없는 자들에게 집을 주십시오."

그런 후에 또다시, 저 바깥에는 더 큰 세상만 있는 게 아니라는 생각이 떠오른다. 저 바깥에는 더 크신 **하나님**도 있다. 그분은 단지 하늘에 계신 해결사에 불과한 분이 아니며, 단지 우리를 진창에서 건져내고 우리 요구를 들어주시는 분도 아니다. 그분은 하나님이다. 그분은 살아 계신 하나님이다. 그리고 그분은 우리 아버지다. 이 부분에 좀더 머물면, 우리의 우선순위가 가만히 뒤집힌다. 목록은 그대로지만 순서가 뒤바뀐다. 이러한 변화를 통해, 우리는 마침내 망상에서 기도로, 조바심에서 믿음으로 옮겨간다.

주기도는 이러한 변화를 이루어 내도록 돕기 위해 우리에게 주신 기도다. 내용의 변화가 아니라 우선순위의 변화다. 주기도는 아픔과 굶주림이 실제가 아닌 척하지 않는다. 어떤 종교는 아픔과 굶주림이 실제가 아니라고 말한다. 그러나 예수님은 그렇게 말씀하지 않으셨다. 또한 주기도는 하나님의 위대함과 위엄을 내세워 인간의 고통을 하찮게 여기지 않는다. 어떤 종교들은 그렇게 한다. 그러나 예수님은 그렇게 하지 않으셨다. 주기도는 하나님을 친밀하고 다정하게 '아버지'라고 부르면서, 그리고 그분의 위대함과 위엄 앞에 머리를 숙이면서 시작한다. 하나님의 이러한 두 모습을 한 데 묶을 수 있다면, 기독교가 무엇인지 이해하는 길에 이미 들어선 셈이다.

세세한 부분을 살펴보기 전에, 주기도를 사용하는 세 가지 실제적인 방식을 소개하겠다. 이를테면, 주기도를 사순절이나 대림절 같은 특별한 때에 사용할 뿐 아니라, 자신의 기도 생활을 향상시키는 방식으로 사용하는 것이다.

첫째, 예부터 전해 오는 방식이 있는데, 주기도를 토대로 매일 기도하는 것이다. 주기도의 구절을 하나씩 선택해 생각하고 있다가 그 구절을 제목으로 삼고, 자신이 기도하려는 특별한 것들을 그 제목 아래 불러내면 된다. 예를 들면, "나라가 오게 하시며"라는 구절을 선택했다면, 세계 평화를 위해 기도하고, 몇몇 구체적 사례를 기도에 포함시키는 것이 너무나 당연하다. 중요한 것은 이것이다. 주기도라는 약과 음악이, 당신이 기도하는 사람들을, 당신이 걱정하는 상황들을 감싸게 해야 한다. 그리하여 주기도에 나타난 치유하는 주님의 빛에 잠겨 변화가 이루어지는 것을 보게 된다.

둘째, 어떤 사람들은 정교회 교인들이 '예수 기도'(Jesus-prayer)[2] 를 사용하는 방식과 똑같이 주기도를 사용한다. 호흡에 맞춰 주기도를 천천히 반복하고 또 반복하라. 그러면 주기도는 두 번째 천성이 된다. 분주하여 스트레스를 잔뜩 받으며 사는 사람들은 이 훈련을 하기가 매우 어렵겠다. 그러나 이런 사람들이야말로 주기도라는 진

---

[2] "주 예수 그리스도 하나님의 아들이시여, 이 죄인에게 자비를 베푸소서"라는 기도다.

정제와 영양제가 잠재의식의 결에 짜여 들어갈 필요가—어쩌면 신체적 필요가—있다. 혼자 자동차를 운전해 갈 일이 있을 때 라디오를 끄고 이 방식으로 기도해 보라. 그렇다. 시간이 걸린다. 당연하지 않겠는가?

셋째, 한동안 주기도의 구절을 하나씩 차례로 택해 '오늘의 기도'로 삼아도 좋겠다. 주일에는 "하늘에 계신 우리 아버지", 월요일에는 "아버지의 이름을 거룩하게 하시며", 화요일에는 "나라가 오게 하시며", 수요일에는 "오늘 우리에게 일용할 양식을 주시고", 목요일에는 "우리 죄를 용서하여 주시고", 금요일에는 "악에서 구하소서", 토요일에는 "나라와 권능과 영광이." 그날의 구절을 자신의 골방으로 삼아라. 언제라도 거기 들어가 자신이 만나는 사람들을 위해, 자신이 하는 일을 위해, 주변에서 일어나는 모든 일을 위해 기도할 수 있다. 그러면 '오늘의 기도'가 세상을 보는 렌즈가 된다.

물론, 이 외에도 주기도를 그룹이나 개인이 활용할 수 있는 다양한 방법이 있다. 여기서 소개한 방법은 시작을 위한 몇몇 제안일 뿐이다. 이런 방법들이 독자가 이미 지닌 보화의 가치를 아는 데 도움이 된다면 더없이 기쁘겠다.

줄리언, 로저먼드, 해리어트, 올리버에게 이 책을 바친다. 설교를 하고, 예배를 인도하며, 책을 쓰고, 멀리 강연차 떠나며, 신학자가 해야 하는 일들로 바빠 가정에 소홀한 아버지를 아이들은 묵묵히 참아 주었다. 이들의 존재 자체와 이들이 내게 갖는 모든 의미로 인해, 나의 사랑과 감사의 선물을, 조금이나마라도 받아 마땅하다.

리치필드 대성당에서
톰 라이트

1장

하늘에 계신 우리 아버지

기독교 신앙을 조금이라도 진지하게 받아들인다면, 우리는 기도를 배우고 기도에서 자라기를 원할 것이다. 우리는 무릎을 꿇거나, 개인 기도 공간으로 적합한 의자에 앉거나, 혼자 걷거나, 기차로 출근하면서 기도한다. 우리가 기도할 때마다 하려는 게 있다. 우리는 신비를 추구하고, 방금 들었다고 생각하는 음성에 귀 기울여 반응하며, 다음 모퉁이에서 손짓하는 빛을 좇고, 이미 우리를 붙들고 있는 하나님의 사랑을 붙잡으려 한다.

우리는 이 모든 것을 한껏 원한다. 단지 영적 잠재력을 극대화하려는 이기적인 바람 때문이라면, 그것은 우리 기독교에 매우 현대적이고, 물질주의적이며, 자기중심적인 이데올로기를 더하는 일이 될 것이다. 우리가 이런 것을 원하는 까닭은 따로 있다. 마음 깊은 곳에서부터, 우리 자신이 살아 계신 하나님을 원한다는 사실을 알기 때문이다. 우리는 그분을 알고 싶다. 우리는 그분을 사랑하고 싶다. 우리는 그분을 진정으로 아버지라 부르고 싶다.

그러므로 어떤 의미에서, 주기도의 첫마디, 1장에서 살펴볼 첫마디는 출발점이 아니라 목표점을 보여 준다. 그런데 여기에는 의심할 여지가 없는 사실이 있다. 우리가 기울이는 모든 노력은, 결국 우리가 출발했던 지점에 이르러 그 지점을 처음으로 아는 것으로 이끌 것이다. 내 생각에 이것은 다음과 같은 의미다. 세례를 받을 때 우리는 주기도를 자신의 기도로, 각자를 위한 특별한 개인적 선물로 받았다. 그렇다 해도, 주기도가 유아용 컵과 숟가락 세트의 영적 버전에 불과하지는 않다. 물론 주기도는 분명 이런 것이기도 하다. 그러나 주기도는 우리가 온전히 성숙하여 입도록 마름질된 옷이다. 우리는 이 옷을 한 주 또 한 주 입어 보면서, 이 옷이 우리에게 아직도 조금 헐렁하며, 이 옷이 맞으려면 우리가 더 자라야 한다는 사실을 인정해야 한다. 다시 말해, 누구나 그리스도인이 되자마자 '우리 아버지'라고 말할 수 있고, 말해야 하는 것이 사실이다. 이것은 은혜의 한 가지 징표이며, 믿음의 첫째 표지 가운데 하나다. 그러나 온전한 기독교적 성숙에 이르러야만 이 말이 무슨 뜻인지 이해하고 거기에 공명하는 삶을 살 수 있다.

숱한 고대 전례와 현대 전례를 보면, 성찬식에서 주기도를 암송하면서 주기도에 대해 다음과 같이 엄숙하게 소개한다. 주기도를 진심을 담아 암송한다는 말은 우리가 온전히 백 퍼센트 회심했고 그리스도인이 되었음을 함의한다는, 다시 말해 하나님이 우리 안에서 시작하신 선한 일을 성령께서 완수하셨다는 뜻이라고 말이다. 그러나 우리는 이 내용이 사실과 다르다는 것을 알며, 그래서 사제는 이렇게 말한다. "우리의 구주 그리스도께서 우리에게 명하시고 가르치셨듯이, 우리는 담대하게 말합니다…" 바꾸어 말하면, 우리가 아직 주기도를 드릴 자격이 없음에도 속속들이 진심으로 말하듯 실제로 주기도를 드리는 것은 거룩한 담대함이며, 살아 계신 하나님의 순전한 은혜와 선하심에 대한 건방진 송축이다. 이것은 어린 녀석이 다 자란 형의 옷을 입고, 아침 내내 형 흉내를 내며 까불다가 꽁무니를 빼는 모습과 비슷하다. 까불던 아이는 형처럼 된다는 것이 무슨 뜻인지 알게 되면 놀란다.

물론, 주기도는 바로 이렇게 하라고 우리를 초대한다. 주기도는 주님 자신의 삶과 사역에서 비롯되었으며, 사도 바울과 히브리서 기자는 그분을 가리켜 우리의 형님이라고 정확히 묘사한다. 우리는 찬송과 신앙고백에서 예수님을 '하나님의 아들'이라 부르는데, 그렇게 하는 게 옳다. 그러나 우리는 이것이 정작 예수님 자신에게 무슨 뜻이었을지는 좀처럼 생각하지 않는다. 예수님이 하나님을 '아버지'라 부르시고, 자신을 따르는 이들에게도 그렇게 부르도록 가르치셨을 때, 그분의 삶에는 무슨 일이 일어나고 있었는가?

예수님 이전에는 그 누구도 하나님을 '아버지'라 부르지 않았다는 것이 통설이다. 사람들은 예수님이 겟세마네 동산에서 사용하셨을 뿐 아니라 그 외에 여러 상황에서 사용하셨다고 보이는 '아바'(*Abba*)라는 단어가, 당시 히브리어나 아람어에서 어린아이가 쓰는 '아빠'라는 단어였다고도 했다. 따라서 예수님은 하나님과 나누는 새로운 수

준의 개인적 친밀감을 세상에 소개하고 제안하셨다는 것이다. 이런 결론은, 어떤 의미에서 맞을 것이다. 그러나 이러한 결론을 떠받치는 두 기둥은 견고하지 못하다. 먼저, 유대교를 비롯해 다른 곳에서도 많은 사람들이 하나님을 '아버지'라 불렀다. 또 '아바'는 어린아이만 사용한 단어가 아니라 훨씬 넓게 사용된 단어였다. 그렇다면 예수님이 하나님을 '아버지'라 부르셨다는 사실이 과연 예수님 자신에게 어떤 의미였는가?

여기서 가장 중요한 점은, 실제로 예수님이 누구였고 누구인지 이해하는 출발점에 있는 문제로서, 아버지라는 단어는 **이스라엘의 소명**, 특히 **이스라엘의 구원**으로 수렴된다는 것이다. 히브리 성경에서, 하나님이 아버지시라는 개념은 모세가 바로 앞에 당당히 나아가 다음과 같이 말하는 장면에서 처음 등장한다. "여호와의 말씀에, 이스라엘은 내 아들 내 장자라…내 아들을 보내 주어 나를 섬기게 하라"(출 4:22-23). 하나님을 '아버지'라 부른다는 것은, 이스라엘에게는 해방의 희망을 붙잡는다는 뜻이었다. 이제 노예들은 아들이라 불렸다.

예수님이 제자들에게 하나님을 '아버지'라 부르라고 하실 때, 귀 있는 자들은 듣고 깨달을 것이다. 예수님은 우리가 새로운 출애굽을 준비하기 원하신다. 우리는 마침내 자유하게 될 것이다. 이것이 대림절의 소망이며, 하나님 나라의 도래를 바라는 소망이다. 폭군의 손아귀가 풀리고, 우리는 자유하게 될 것이다.

> 서쪽에서 저 동쪽으로
> 비취는 광명이 보이네.
> 이제 날이 밝아 오니, 날이 밝아 오니
> 나 자유 얻겠네.[1]

그러므로 주기도의 첫 단어는(헬라어와 아람어 원문에서는 '아버지'가 주기도의 맨 앞에 나온다) 단지 친밀감만이 아니라 혁명을 내포한다. 단지 친근함만이 아니라 희망을 내포한다.

예수님이 사셨던 세계에서 들려 오는, '아버지'의 또 다른 강력한 메아리가 있다. 이 메아리는 하나님 나라가 지닌 혁명적 의미를 더욱 강화하고 살찌운다. 하나님은 다윗 왕에게 그의 후손 중에서 하나님의 백성을 다스리는 왕이 나오겠고, 그의 나라는 영원히 흔들리지 않을 것이라고 약속하셨다. 장차 올 이러한 왕에 관해, 하나님은

---

1) 밥 딜런(Bob Dylan)이 1970년에 발표한 곡 "I Shall be Released"의 한 구절이다. 원문은 다음과 같다. I see my light come shining/ from the west unto the east./ Any day now, any day now,/ I shall be released.

다윗에게 "나는 그에게 아버지가 되고 그는 내게 아들이 되리니"라고 말씀하셨다(삼하 7:14). 메시아, 장차 올 그 왕은 실제로 온 백성을 향한 하나님의 약속에 초점을 맞출 것이다. 이사야서에서, 이 약속은 여전히 유효하지만 하나님의 모든 백성을 향해 활짝 열린다. "오호라, 너희 모든 목마른 자들아, 물로 나아오라…내가 너희를 위하여 영원한 언약을 맺으리니 곧 다윗에게 허락한 확실한 은혜이니라"(사 55:1, 3). 두 그림은 조화를 이룬다. 속박당한 이스라엘이 메시아의 해방 사역을 통해 자유를 얻을 것이다. 예수님은 이러한 모든 메아리를 결집해, 자신을 따르는 이들에게 말하고 계시다. 이것은 **너희의** 기도다. 너희는 자유로운 백성이다. 너희는 메시아의 백성이다.

유대인들은 노예로 살고 유배되었던 기간 내내, 약속이 온전히 성취되려면 오랜 세월이 걸릴 거라는 지독한 예감 속에서도 출애굽의 희망을 놓지 않았다. 후대의 어느 선지자는 "아브라함은 우리를 모르고, 이스라엘은 우리를 인정하지 아니할지라도"라고 말한다(사 63:16). 이것은 다시 말해, '민족의 희망이 사라진 것 같고, 우리가 그토록 안전하다고 여겼던 것들이 먼지와 재로 변했지만, 우리는 당신이 우리 아버지라는 사실을 붙잡으며, 그 사실이 인간적인 희망이 없는 곳에서 우리에게 희망을 준다'라는 뜻이다. 아시리아, 바빌로니아, 페르시아, 그리스, 이집트, 시리아 그리고 이제는 로마다. 악의 폭정이 언제 끝나겠는가? 이스라엘이 언제 자유를 얻겠는가? 대부분의 유대인, 하나님이 자신들에게 새롭고 최종적인 출애굽을 주실 때 마침내 자유가 오리라는 것을 뼛속 깊이 알았다. 유월절로 이것을 기념했고, 시편으로 이것을 노래했기 때문이다. 많은 유대인들이 메시아가 도래하면 이 약속이 성취되리라고 믿었다. 주기도의 첫 단어는 말한다. "지금 그 일을 이루소서. **우리에게 이루소서. 아버지… 우리 아버지…**"

따라서 예수님 자신의 삶과 사역과 가르침은, 그저 하나님을 보는 새로운 시각, 시대를 초월하는 시각이 아니었다. 예수님은 단지 새로운 방식의 영성, 또는 새로운 깊이의 영성을 제안하러 오신 게 아니었다. 만약 이것을 통해 어떠한 영적 깊이와 갱신이 주어진다면, 그보다 더 큰 꾸러미의 일부로 주어질 뿐이다. 그 꾸러미는, 악에서 놓여나고, 포로 생활에서 돌아오며, 빵을 풍족하게 갖고, 하나님 나라가 하늘에서처럼 땅에서도 임하는 일에 관한 것이다. 이것이 대림절 꾸러미다. 예수님은 엄청난 위험을 무릅쓰고, 이 꾸러미가 자신의 사역을 통해 주어진다고 말하고 계셨다. 이 모두가 '아버지'라는 단어에 내포되었다. 주기도에서 이 단어는 그런 방식으로 사용된다.

예수님에게 이것은 믿음과 소명이 걸린 중대한 일이었다. 아버지께서 그를 새로운 일로 부르고 계셨기에 안전한 집과 가정과 일을 떠나야 한다는 의미였다. 예수님은 사람을 낚는 어부가 되라며 어부들을 부르셨다. 진정한 출애굽, 진정한 악의 패배를 성취하기 위해 목수인 그 자신이 나무와 못을 지라는 요청을 받으셨다. 하나님을 '아버지'라 부르는 것은, 단지 마음을 편안하게 하고 불안을 해소하기 위함이 아니었다. 여기에는 개인이 직면하는 궁극적 도전이 들어 있었다.

그런 까닭에, 겟세마네 동산에서 예수님은 하나님을 다시 한 번 '아버지'라 부르셨다. 요한복음에서 예수님은 아버지와 아들의 이미지를 사용해 자신이 하는 일을 설명하신다. 당시 문화에서, 아들은 아버지의 견습생이다. 아들은 아버지가 일하는 모습을 지켜보면서 아버지의 사업을 배운다. 어려움에 부딪힐 때 아들은 아버지가 문제를 어떻게 처리하는지 다시 확인한다. 예수님은 모든 먹구름이 갑자기 자신에게 몰려올 때, 겟세마네 동산에서 바로 이렇게 하신다. "아버지, 이 길입니까? 이것이 정말로 올바른 길입니까? 제가 정말로 이 잔을 마셔야 합니까?" 히브리서 기자는 아들이 "받으신 고난으로 순종함을 배워"라고 상당히 대담하게 말한다(히 5:7-9; 2:10-18을 비교해 보라). 겟세마네 동산의 예수님은 견습생 아들이다. 여기서 예수님은 아버지께서 어떻게 일하시는지 다시 돌아보고 확인하신다. 아버지와 아들이 함께 추진하는 프로젝트가 무엇인가? 다름 아닌 새로운 출애굽, 이스라엘과 세상을 악과 불의와 두려움과 죄에서 구해내는 일이다. 히브리서의 이 단락과 관련해 주목할 점이 있다. 바로, 우리처럼 예수님도 하나님을 '아버지'라 부른다는 것이 실제로 어떤 의미인지 **배우고 계셨다**. 이러한 배움의 과정은 예수님이 "아버지, 내 영혼을 아버지 손에 부탁하나이다"라고 말씀하셨을 때 비로소 끝이 났다(눅 23:46).

따라서 '아버지'라는 단어는 이중적 혁명의 메시지와 예수님의 사명에 주의를 집중시킨다. 이것은 출애굽의 메시지이며, 폭군과 압제자들이 마땅히 두려워할 메시지다. 대부분의 혁명은 새로운 폭군을 낳는다. 그러나 이 혁명은 그렇지 않다. 이것은 아버지의 혁명이다. 이 혁명은 아들의 고난과 죽음을 통해 이루어진다. 그런 까닭에, 주기도 말미에서 우리는 큰 환난에서 우리를 건져 달라고 기도한다. 놀랄 일도 아니지만, 예수님은 겟세마네 동산에서 제자들에게 바로 이것을 위해 기도하라고 하셨다. 이 혁명은 세상이 치유되도록 세상의 아픔을 나누고 그 아픔을 짊어지는 메시아를 통해, 그 메시아의 백성을 통해 이루어진다. 바로 이것이 하나님 나라의 메시지이며, 대림절의 메시지다.

이러한 메시지를 전하는 메신저가 되려 할 때, 우리는 이 기도를 배워야 한다. 하나님을 '아버지'라 부른다는 것이 어떤 의미인지도 배워야 한다. 그리고 그 의미를 깨달았을 때 결코 놀라지 말아야 한다. 당신이 하나님에 관해 확신해도 되는 한 가지는, 하나님이 바로 다음 단계에서 무엇을 하실지 당신은 결코 예측하지 못한다는 것이다. 그런 까닭에 하나님을 '아버지'라 부르는 일은, 믿음을 드러내고, 거룩한 대범함을 보여 주며, 위험을 감수하는 위대한 행동이다. '우리 아버지'라고 부르는 것은, 그저 살아 계시고 전능하신 하나님 앞에 나아가 "안녕, 아빠!"라고 말하는 대범함이나 뻔뻔함이 아니다. 이것은 '저를 당신의 견습생 아들이라 여겨도 될까요?'라고 조용히 묻는 대범함이며, 가능한 모든 위험을 감수하는 일이다. 이것은 하나님 나라를 위해 일하겠다고 서명한다는 의미다.

예수님은 바로 이런 의미에서 우리에게 이 기도를 주셨다. 요한복음 말미에서, 예수님은 자신을 따르는 이들에게 말씀하신다. "아버지께서 나를 보내신 것같이 나도 너희를 보내노라"(요 20:21). 우리는 강림과 강림 사이에 살고 있다. 첫째 강림, 곧 아들이 세상에 오신 날과, 둘째 강림, 곧 아들이 산 자와 죽은 자를 심판하러 권능과 영광으로 다시 오실 날 사이에 살고 있다. 이런 까닭에, 대림절은 이따금 혼동된다. 대림절은 예수님의 탄생을 준비하는 기간인 동시에, 하나님이 만물을 새롭게 하실 때, 온 우주가 종노릇에서 해방될 때를 준비하는 기간이기도 하다. 첫 번째 강림과 두 번째 강림의 중첩이라는 이러한 확연한 혼동은 기독교가 실제로 어떤 것인지를 설명해 준다. 다시 말해, 하나님이 예수 그리스도 안에서, 바로와 홍해에 맞서, 죄와 죽음에 맞서 거두신 결정적 승리를 축하하고, 이 결정적 승리가 완전히 성취될 때를 고대하고 갈망하며, 이를 위해 일하고 기도하는 것이다. 모든 성찬식은 이러한 긴장을 정확히 짚어 낸다. "너희가 이 떡을 먹으며 이 잔을 마실 때마다 주의 죽으심을 그가 오실 때까지 전하는 것이니라"(고전 11:26). 우리는 일용할 양식과 하늘의 양식을 구하러 나아온다. 일용할 용서와 최종적인 용서를 받으러 나아온다. 일용할 구제와 궁극적 구제를 얻으러 나아온다. 우리는 하나님 나라를 지금 경축하고, 그 나라가 곧 임하도록 기도한다. 바로 이것이, 우리가 하나님을 '아버지'라 부를 때 그 말에 담긴 의미다.

이러한 전제하에 이 기도를 드릴 때, 우리는 기독교 영성의, 신비 속으로 파고드는 기독교적 훈련의, '무지의 구름' 속으로 들어가는 담대함의 참된 패턴을 발견하기 시작한다. 하나님을 '아버지'라 부를 때, 우리는 견습생 자녀로서 아픔과 어둠의 세상 속으로 발걸음을 내딛으라는 부름을 받는다. 그러나 우리는 곧 우리를 둘러싸고 있는 어둠을 발견하게 될 것이다. 그 어둠은 우리를 두려움으로 몰아넣는다. 그 어둠은 우리 내면에 있는 어둠을 생각나게 하기 때문이다. 그 때 우리는, 뉴스를 꺼 버리고, 세상의 아픔에 등을 돌리며, 스스로 아픔 없는 세상을 창조하고 싶은 유혹을 받는다. 현대 문화의 상당 부분은 정확히 그렇게 하게끔 계획되었다. 사람들은 기도하는 것을 힘들어한다. 이상한 일이 아니다. 그러나 살아 계신 창조자 하나님의 백성인 우리가 그분의 자녀로 부름받은 것에 응답한다면, 즉 그분을 아버지라 부르는 위험을 감수하기로 했다면, 우리는 세상의 아픔을 하나님의 사랑이라는 치유의 빛으로 인도해 들이는 백성이 되라는 부름을 받는다. 이러한 사실을 발견할 때, 우리는 이 기도가 하고 싶어지고, 이 기도를 해야 함을 깨닫는다. "아버지, 우리 아버지, 하늘에 계신 우리 아버지, 하늘에 계신 우리 아버지, 이름이 거룩히 여김을 받으소서. 당신의 모든 피조물이 드리는 예배를 받으소서. 온 우주에 넘치는 당신을 향한 찬양을 받으소서. 불의와 추함과 죄와 죽음에서 온 세상이 자유하게 하시고, **당신의 이름이 거룩히 여김을 받으소서.**" 이처럼 세상의 어둠과 아픔을 마음에 담고, 살아 계신 하나님 앞에 서서, 하나님이 오래전에 하신 약속들을 이루어 달라고 기도하고, 골고다와 부활절의 승리를 온 우주를 위해 완성해 달라고 기도할 때, 우리 자신의 아픔과 우리 자신의 어둠도 함께 해결된다.

그러므로 감히 말하건대, 이것이 기독교 영성의 패턴이다. 기독교 영성은 개인의 영적 진보를 구하는 이기적 행위가 아니다. '단독자를 향한 단독자의 비상'[2]도 아니다. 그저 허공을 향한 외침도 아니며, 우리의 깊은 감정을 어루만지는 일도 아니다. 이따금 이런 것들처럼 느껴질 때도 있지만 말이다. 진정한 기독교 영성은 세상의 아픔 가운데 서는 행위이며, 세상의 창조자 앞에 무릎을 꿇는 행위다. 예수님의 이름으로, 십자가의 승리로 이 둘을 하나로 잇는 행위다. 초림과 재림이라는 이중적 강림이 주는 긴장 속에서 사는 행위이며, 하나님을 '아버지'라 부르는 행위다.

예수님은 하나님을 간접적으로 언급하는 위험을 감수하셨다. 이를테면 요한복음에서, 예수님은 하나님에 대해 이야기하실 때 '나를 보내신 아버지'라는 표현을 즐겨 쓰셨다. 예수님은, 자신이 하는 일을 보면서 사람들이 아버지가 어떤 분인지 알기 원하셨던 것이다. 우리가 하나님을 '아버지'라 부르는 것은, 이처럼 경악할 만하고, 말도 안 되고, 어이 없이 위험한 주장을 하는 것과 같다. 이 '아버지'라는 단어는 교회의 사명을 내포한다. 또한 이 단어는 교회의 실패를 확연히 드러낸다. 그러나 그 실패 또한 이 기도 안에서 그리고 십자가 안에서 해결된다. 우리의 과제는, 우리가 자라서 아버지처럼 되고, 감히 형님 흉내를 내면서, 일용할 양식을 구하고 일용할 용서를 구

---

[2] 3세기 신비주의자 플로티누스가 영적 여정을 가리켜 한 말이다.

하는 것이다. 그분의 옷을 입고, 그분의 신을 신고, 그분의 식탁에서 잔치하고, 동산에서 그분과 함께 울며, 그분의 고난에 참여하고, 그분의 승리를 아는 것이다. 우리 구주 예수 그리스도께서 자신의 말보다 자신의 삶과 죽음으로 훨씬 더 분명하게 명하시고 가르치셨기에, 우리 역시 대범하게, 아주 대범하게, 심지어 어떤 사람이 미쳤다고 생각할 만큼 대범하게, 하나님을 '우리 아버지'라고 부른다.

2장

―

아버지의 나라가 오게 하시며

하나님 나라가 오기를 기도할 때, 우리는 무엇을 **위해** 기도하는가?

주기도의 둘째 간구인 "아버지의 나라가 오게 하시며"는, 하나님 나라가 순전히 하늘 나라(즉, '내세'의 나라)를 의미한다는 모든 개념을 불가능한 것으로 만든다. 우리는 아버지의 나라가 오게 해 달라고, 당신의 뜻이 **하늘에서처럼 땅에서도** 이루어지게 해 달라고 기도한다. 이 친숙하면서도 전문적인 용어를 정리해 보자. '하늘'과 '땅'은 하나님이 지으신 좋은 세상을 구성하는 두 영역인데, 서로 맞물려 있다. 하늘은 하나님의 공간이며, 그곳에서 하나님의 명령이 집행되고, 하나님의 미래 목적들이 때를 기다린다. 땅은 우리의 세상, 우리의 공간이다. 그런데 요한계시록 말미에 나오는 환상을 생각해 보라. 사람들이 땅에서 하늘로 들려올라가는 것이 아니다. 거룩한 성, 새 예루살렘이 하늘에서 땅으로 내려온다. 이렇게 하나님의 공간과 우리의 공간이 마침내 결합하고, 드디어 통합된다. "아버지의 나라가 오게 하시며"라고 기도할 때, 우리는 바로 이런 기도를 하는 것이다.

예수님 시대의 사람들은 하나님이 왕이 되시기를 갈망했다. 막말로, 그들은 오랫동안 섬겼던 다른 왕들에게 넌더리가 났다. 그들에게 로마 황제는 하나의 저주였고, 헤롯 왕조는 웃음거리였다. 이제 참 하나님, 진정한 왕이 역사에 등장하여, 권세와 영광을 차지하고, 자신의 나라를 세울 때가 왔다고 생각했다.

선지자들 역시 이러한 사실을 약속했다. 에스겔은 야웨께서 친히 이스라엘의 목자가 되실 것이라고 약속했다. 스가랴는 야웨께서 임하시고, 그의 모든 거룩한 백성이 그분과 함께할 것이라고 약속했다. 말라기는 (단지 경고만 한 것이 아니라) "너희가 구하는 바, 주가 갑자기 그의 성전에 임하시리니"(말 3:1)라고 선언했다. 이사야는 어느 누구보다도 분명하게 약속했다. "사막에서 우리 하나님의 대로를 평탄하게 하라. 골짜기마다 돋우어지며 산마다, 언덕마다 낮아지며 고르지 아니한 곳이 평탄하게 되며 험한 곳이 평지가 될 것이요 여호와의 영광이 나타나고 모든 육체가 그것을 함께 보리라"(사 40:3-5). 시온은 파수꾼들이 외치는 소리를 듣는다. "너희의 하나님을 보라"(사 40:9). 이사야의 메시지는 권능으로 임하여, 목자처럼 자신의 양떼를 먹이고, 어린 양들을 안아 옮기며, 어미 양들을 부드럽게 인도하는 하나님의 위엄과 부드러움을 한데 모은다. 이것이 바로 예수님이 삶으로 보이신 하나님 나라의 메시지다. 그리고 바로 이러한 예언의 환상이 주기도의 기초다.

그런데 이스라엘의 하나님이 돌아와 왕이 되신다는 말이 무슨 의미인가? 이사야서에 따르면, 새로운 출애굽이 있을 것이다. 악한 제국이 무너지고 하나님의 백성은 자유를 얻을 것이다.

좋은 소식을 전하며 평화를 공포하며 복된 좋은 소식을 가져오며 구원을 공포하며 시온을 향하여 이르기를 네 하나님이 통치하신다 하는 자의 산을 넘는 발이 어찌 그리 아름다운가! 네 파수꾼들의 소리로다. 그들이 소리를 높여 일제히 노래하니 이는 여호와께서 시온으로 돌아오실 때에 그들의 눈이 마주 보리로다. 너 예루살렘의 황폐한 곳들아 기쁜 소리를 내어 함께 노래할지어다. 이는 여호와께서 그의 백성을 위로하셨고 예루살렘을 구속하셨음이라. 여호와께서 열방의 목전에서 그의 거룩한 팔을 나타내셨으므로 땅끝까지도 모두 우리 하나님의 구원을 보았도다. (사 52:7-10)

예수님은 이러한 예언들을 잘 알고 계셨고, 의도적으로 자기 사역의 주제로 삼으신 것 같다. 파수꾼들의 소리를 들었다는 시온의 노래를 할 때, 우리는 예수님이 자신을 따르는 이들에게 "아버지의 나라가 오게 하시며"라고 기도하라고 하시면서 친히 염두에 두신 그 노래를 부르는 것이다.

그렇다면 예수님이 선포하신 하나님 나라 메시지는 단지 민족적·정치적 해방의 메시지였는가?

이 부분에서, 서방 기독교는 지금까지 이렇게 말하는 경향을 보였다. "물론, 아니지요! 예수님은 정치에 관심이 없었습니다. 그분은 영적 메시지를 전하러 오셨습니다. 개인의 구원이라는, 시대를 초월한 영원한 진리 말입니다." 글쎄, 이런 설명만으로는 분명히 뭔가 부족하다. 이렇게 말하려면, 숨길 수 없는 어구, 즉 "하늘에서와 같이 땅에서도"를 제거해야 하기 때문이다. 예수님이 선포하신 하나님 나라가 무엇에 관한 것이었든 간에, 그것은 시간과 공간의 세계에서 실제로 일어나는 일에 관한 것이었다. 예수님이 선포하신 하나님 나라는 서방 기독교가 말하는 것처럼, 정치나 현실과 무관한 게 결코 아니었다. 그러나 똑같은 비중으로, 예수님이 들려주신 비유들은 하나님 나라를 단순히 해방과 연결시켜 이해하는 단편적인 시각을 자주 공격했다. 이사야의 메시지에 하나님이 열방을 치유하시고 이스라엘이 세상의 빛이 될 것이라는 약속이 담겨 있다면, 이것은 군사적 승리를 통해 성취되지는 않을 것이다. 평화의 왕이, 악을 물리치기 위해 평화 자체를 포기해야 한다면, 어떻게 궁극적으로 악을 물리칠 수 있겠는가?

예수님은 이사야가 선포한 하나님 나라 메시지의 세 부분을 취해 실제로 이 약속을 성취하기 시작하셨다. 즉, 사로잡힌 이스라엘이 풀려나야 하고, 악이 패배해야 하며, 야웨께서 시온으로 돌아오셔야 한다.

첫째, 사로잡힌 이스라엘이 풀려나야 한다. 예수님은 한 아들에

대한 이야기를 들려주신다. 그 아들은 아버지를 무시하고 이방 나라로 떠난다. 그런데 놀랍게도, 아들이 돌아오자 아버지는 두 팔을 벌려 그를 뜨겁게 맞이하고, 성대한 잔치까지 연다. 예수님의 말씀을 가장 먼저 들은 사람들에게 이 '탕자' 이야기는, 단지 시대를 초월하는 회개와 용서의 메시지가 아니었다. 오히려 새로운 출애굽 이야기, 사로잡힌 이스라엘이 해방되는 이야기였다. 그러나 예수님은 탕자 이야기를 들려주시면서, 해방을 위해 무기를 들고 싸우라고 요구하시지 않았다. 예수님은 자신이 왜 버림받은 자들이나 부적응자들과 더불어 하나님 나라를 줄기차게 경축하시는지를 설명하고 계셨다. 어쩐지 예수님은 하나님 나라가 자신의 이상한 사역을 통해 나타나고 있다고 말씀하고 계신 것 같다. 그 나라가 사람들의 상상과는 다르게 보였더라도 말이다. 바로 이렇게 사로잡힌 자들은 풀려나고 있었다.

둘째, 예수님은 악의 오랜 지배가 자신의 사역을 통해 마침내 끝날 것처럼 말씀하고 행동하셨다. (이 부분은 4장에서 살펴보겠다.) 이사야가 선포한 하나님 나라의 메시지는, 하나님의 백성을 종으로 삼았던 악의 권세가 패배할 것이라고 약속한다. 이사야가 선포한 메시지에는 기이한 인물, 즉 하나님의 대리자가 되어 이 일을 이루어 낼 '여호와의 종'에 관한 시가 네 편 등장한다. 예언 전체(사 40-55장)는 하나님의 왕권에 관한 약속을 제시한다. 그리고 그 안에 실린 종의 노래들은 그 약속이 어떻게 실현될지를 기술한다. 바로 이 일을 위해 예수님이 자원하셨으며, 그분은 악이 이와 같은 방식으로 패배하리라고 믿으셨다.

셋째, 이사야는 야웨께서 친히 자신의 백성에게 돌아오실 것이라고 선포했다. 여호와는 권능과 정의로 오시며, 또 목자처럼 부드럽게 오실 것이다. 예수님은 자신의 사역을 이와 똑같은 의미로 말씀하셨다. 예수님은 자신의 일을, 잃은 양을 찾는 목자의 입장에서 자주 설명하셨다. 예수님은 왕이나 주인이 돌아와 종들이 해 놓은 일을 확인하는 이야기를 들려주셨다. 예수님은 마치 자신이 단지 포로 귀환이나 악의 패배만을 위해서가 아니라, 놀랍게도 시온으로 귀환하시는 야웨의 모습을 구현하도록 부르심을 받은 것처럼 말씀하고 행동하셨다.

이처럼 예수님은 말도 안 되고 더없이 위험한 소명을 받아들이셨다. 예수님이 "나라가 오게 하시며"라고 기도하도록 제자들을 가르치셨을 때, 그분은 자신이 이 일에 성공할 수 있도록 그들이 기도하기 원하셨다.

놀랍게도 이 기도는 응답되었다. 제자들은 이 기도가 응답되지 않았다고 생각했지만, 부활절은 제자들이 틀렸다는 것을 증명해 보였다. 예수님을 가장 먼저 따른 이들은, 그들 스스로 매우 놀랄 만큼, 하나님 나라가—팔레스타인에서, 예루살렘에서, 골고다에서, 부활 동산에서—**이미** 임했고, 그분의 뜻이 **이미** 이루어졌다는 것을 신속히 믿게 되었다. 하늘과 땅이 마침내 아귀가 들어맞았다. 예언들이 성취되었다. 그러나 이것은 사람들이 전혀 예상하지 못한 방식으로 성취되었다.

예수님을 가장 먼저 따른 이들은, 하나님 나라가 그저 새로운 종교적 가르침, 즉 향상된 영성, 더 나은 도덕 규범, 또는 새로운 신학을 뜻한다고 생각하지 않았다. 이들은 더 강하고, 더 위험한 주장을 고수했다. 그들은 예수님의 특별한 삶과 죽음과 부활을 통해, 온 우주가 어둠을 벗어나 빛에 이르렀다고 믿었다. 하나님 나라는 실제로 여기 있었다. 자신들의 상상과는 사뭇 다른 방식으로였지만 말이다.

물론, 이들은 의문을 가졌다. 하나님 나라가 여기 있다면, 왜 여전히 불의가 판을 치는가? 왜 여전히 사람들은 굶주리는가? 왜 여전히 죄책이 있는가? 왜 여전히 악이 존재하는가? 이들은 이런 의문을 회피하지 않았다. 발을 빼고 이렇게 말하지도 않았다. "우리 말은 그런 뜻이 아닙니다. 우리는 개인의 새로운 영적 경험을 말하는 겁니다. 우리를 이 땅이 아니라 하늘에서 하나님 나라로 인도하는 경험 말이오." 이들은 이렇게 말하는 대신, 주님의 기도를 계속 기도했을 뿐만 아니라 그러한 삶을 살았다. 그리고 이들은 우리에게, 우리도 그렇게 살라고 권한다.

하지만 어떻게 그런 삶을 사는 게 가능한가? 예수님은 자신의 일을 유일무이하게, 단번에 전부 해내셨다. 이러한 사실은 복음의 필수 요소다. 우리는 예수님이 하신 일을 반복할 필요가 없다. 설령 그렇게 하고 싶더라도, 우리는 그럴 수 없다. 이렇게 생각해 보라. 예수님이 페니실린을 발명한 천재 의학자이고 우리는 의사인데, 우리는 예수님이 발명한 그 약으로 이미 나았고, 이제 그 약이 필요한 환자들에게 약을 투여한다. 혹은, 예수님은 역사상 가장 훌륭한 오라토리오를 작곡한 천재 작곡가다. 우리는 연주자이며 그분의 곡에 매료되었고, 이제 시시한 음악과 불협화음으로 가득한 세상을 향해 그분의 곡을 연주한다. 하나님 나라는 실제로 예수님과 함께 도래했다. 그러나 하나님 나라는 세상이 치유될 때, 온 피조물이 마침내 그 노래에 동참할 때, 완전하게 도래하게 된다. 그러나 우리에게 주신 것은 틀림없는 예수님의 약이다. 틀림없는 예수님의 음악이다. 이것을 확실하게 하는 유일한 길은, 그분의 기도로 기도하는 것이다.

그렇다면, 하나님 나라 기도로 기도한다는 것은 오늘날 어떤 의미가 있는가?

먼저, 우리가 하늘에 계신 우리 아버지의 얼굴을 보면서 그분의 이름이 거룩히 여김을 받는 일에 헌신하듯이, 우리 눈이 그분이 지으신 모든 세상을 향할 때 그분이 보시듯 세상을 보게 된다는 뜻이다. "나라가 오게 하시며." 이 기도를 한다는 말은 세상을 두 개의 눈으로 본다는 뜻이다. 먼저, 더없이 아름다운 자신의 창조 세계를 바라보시는 창조자의 사랑으로 세상을 보라. 그 후에, 두들겨 맞고 전쟁에 찌든 세상을 바라보시는 창조자의 깊은 슬픔으로 세상을 보라. 그러고 나서 두 개의 초점을 하나로 맞추어 보라. 사랑과 슬픔이 합쳐져 예수님의 형상, 하나님 나라의 형상, 십자가의 형상으로 바뀐다. "우리의 왕이여, 당신의 사랑 같은 사랑이 없었고, 당신의 슬픔 같은 슬픔이 없었습니다!" 이러한 예수님 앞에서 다시 기도하라. "나라가 오게 하시며, 아버지의 뜻이 하늘에서와 같이 땅에서도 이루어지게 하소서." 예수님이 기도하며 행동하셨듯이, 우리도 세상의 구속을 위해, 하늘과 땅이 마침내 하나 되도록, 하나님이 만유의 주님(고전 15:28)이 되시도록 기도한다. 우리가 이렇게 기도한다면, 당연히 이렇게 살 준비를 해야 한다.

그러므로 우리는 세상을 위해 이렇게 기도하듯이, 교회를 위해서도 이렇게 기도해야 마땅하다. 하나님이 교회의 얽히고설킨 문제를 말끔히 해결해 주셔서 교회가 아무런 문제나 아픔도 없는 아늑한 곳이 되기를 바란다는 뜻이 아니다. 우리가 교회를 위해 이렇게 기도할 수 있으려면, 먼저 진심으로 이렇게 기도할 준비가 되어 있어야 한다. "우리가 하나님 나라 일꾼이 되게 하소서. 우리가, 치유받은 치유자의 공동체가 되게 하소서. 우리가, 세상이 그 노래를 받아들일 때까지 하나님 나라의 음악을 연주하는 재조율된 오케스트라가 되게 하소서. 주님의 종인 우리가 하나님 나라 메시지를 많은 사람에게 전하는 작은 무리가 되게 하소서."

세상과 교회는 그렇다고 하자. 그러면 우리 자신은 어떻게 해야 하는가?

나는 이 구절이 단순히 체념하는 기도라고 생각했었다. "[당신의] 뜻이 이루어지게 하소서"라고 하며 어깨를 으쓱해 보이는 것이다. 이런 태도는, 내가 무엇을 원하느냐는 그리 중요하지 않다는 의미를 담고 있다. 하나님이 정말로 이루기 원하시는 것이 있다면, 나로서는 그 정도는 참을 수 있다는 생각이 든다. 하나님이 저 멀리 동떨어져 계시는 하나님이라면, 그분의 세계와 내가 사는 세상이 관계가 없기 때문에 그래도 괜찮을지 모른다. 그러나 이사야의 하나님에게는 이런 생각이 통하지 않는다. 예수님에게도 통하지 않는다. 예수님을 기억하며 떡을 떼고, 포도주를 마시며, 하나님 나라를 위해 기도하는 사람들에게도 통하지 않는다. 안 통한다. 이것은 위험하고 말도 안 되는 복종과 위탁의 기도다. 혹은 전복과 회심의 기도라고 하는 편이 좋겠다. 이것은 우리가 하나님 나라의 일을 하겠다고 서명하는 방식이다. 이것은 그 약을 우리 자신에게 투여하는 방식이다. 우리가 다른 사람들에게 그 약을 투여할 만큼 건강해지도록 말이다. 이것은 세상이 노래할 하나님의 오라토리오를 연주하기 위해 우리의 악기를 재조율하는 방식이다.

이렇게 할 때 발생하는 중요한 파생 효과가 있다. 하나님 나라를 창조 질서의 구속이 아니라 창조 질서로부터의 탈출이라고 보는 비성경적 견해와 더불어, 기도란 몸은 전혀 상관 없는 본질적으로 지성이나 마음이나 영혼의 행동이라고 보는 시각이 있다. 이러한 시각은 상당한 장점이 있다. 의식주의(ritualism)나 마술에 절대 빠지지 않으며, 우리가 겉만 조금 번지르르한 쇼를 펼치면 하나님이 정중하게 박수를 치실 거라는 생각에도 결코 빠지지 않는다.

그러나 이러한 시각이 지닌 장점은 그게 전부다. "나라가 하늘에서와 같이 **땅에도** 오게 하시며." 이 기도를 하는 우리 자신부터가 사실 땅에서 나왔으며 흙덩어리다. 우리가 진정으로 하나님 나라가 땅에 임하기를 원한다면, 물론 그 땅은 이 땅, 이 흙, 현재의 이 육체도 포함하리라고 예상해야 한다. 물론, 이것은 거룩을 의미한다. 물론, 이것은 성례를 의미한다. 그러나 이것은 거룩과 성례 사이에서 행하는 **육체적인** 기도 행위를 의미한다.

무엇이든 명확한 것을 좋아하는 사람들에게는 안타깝지만, 이 육체적인 기도 행위와 관련해서는 아무런 규범도 없다. 어떤 사람은 무릎을 꿇는 게 어렵다. 어떤 사람은 오래 서 있지 못한다. 어떤 사람은 너무 수줍어서 가슴에 십자가를 긋거나 두 손을 들어 정교회의 기도 자세 혹은 그와 비슷한 최근의 자세를 취하지 못한다. 어떤 사람은 자신이 이런 자세들을 눈에 띄게 취하면 옆 사람에게 방해가 된다는 것을 깨닫는다. 그렇다고 이런 이유 때문에 기도를 육체적으로 표현하지 말아야 한다는 뜻은 아니다. 우리는 우리 세대에서 이른바 '몸짓 언어'에 관해 많이 배웠다. 그런데 이것을 우리의 기도에 적용할 생각을 해 보았는가?

몸짓 언어를 기도에 적용하려 한다면, 다른 시대나 문화에 살았던 훌륭한 기도의 사람들이 한두 가지 비법을 터득했다는 사실을 아는 게 좋겠다. 이들은 긴장을 풀면서도 구부정하지 않은 자세, 균형 잡히면서도 딱딱하지 않은 자세, 정신을 바짝 차리면서도 조바심 내지 않는 자세, 무엇보다 겸손하면서도 자신이 '아버지'라고 부르는 법을 배울 수 있는 자세, 창조자 앞에서 자신이 행복한 자세가 가장 이상적이라고 말할 것이다. 자신에게 맞는 자세를 찾으라. 당신을 위한 예수님의 삶과 사랑을 표현하고 상징화하는 몸짓을 찾으라. 그러면 당신은 자신의 몸에게 기도를 가르치는 셈이며, 많은 현대인이 놀라워할 만큼, 이것은 당신의 머리와 마음과 영혼에게 기도를 가르치는 좋은 방법이다. 더 나아가, 당신은 어쨌든 자신이 하고 싶은 기도, 즉 "당신의 나라가 **하늘에서와 같이 땅에도** 오게 하시며"를 작지만 중요한 자리에서 실현하게 된다. 우리 각자가 이렇게 하는 법을 조금 더 배운다면, 복음이라는 약과 음악이 주변의 병든 사람들과 불협화음으로 가득한 세상에 새롭게 스며들 것이다. 한 가지 탁월한 출발점은, 전례라는 드라마다. 빈 손을 뻗어 예수님의 삶과 죽음과 부활을 취해 맛보는 것이다.

   자신을 따르는 이들에게 이렇게 기도하라고 가르치는 것이 예수님의 일이었다면, **세상**을 향해 이렇게 기도하라고 가르치는 것은, 어떤 의미에서 우리의 일이다. 그럴 기회를 얻으려면 어떻게 해야 하는가? 누가복음에서, 예수님은 자신을 따르는 이들이 기도를 가르쳐 달라고 할 때까지 기다리셨다. 이들이 기도를 가르쳐 달라고 한 까닭은 **예수님이 하고 계시는 일**을 보았기 때문이다. 여기에 우리가 얻을 교훈이 있다.

3장

오늘 우리에게 일용할 양식을 주시고

양식을 구하는 기도의 위험은, 우리가 너무 빨리 이 기도에 이른다는 것이다.

우리는 긴급한 필요를 느끼거나 적어도 원하는 게 있을 때 기도한다. 주기도에서는, "하늘에서와 같이 땅에서도 이루어지게 하소서"라는 앞부분을 후다닥 해치우고 싶은 유혹이 든다. 그리고 숨을 깊이 들이쉬며 이렇게 말하는 것이다. "하나님, 저 좀 보십시오. 일용할 양식 말입니다. 제게 꼭 필요한 게 몇 가지 있습니다." 그러고는 쇼핑 목록을 주욱 읊는다. 물론 이렇게 한다면, 탐욕이 은혜의 길을 막고 만다.

하늘에 계신 아버지를 흠모하고, 그분의 이름을 높이며, 그분의 나라가 임하기를 기도하는 시간을 갖지 않는다면, 우리의 모든 바람과 희망은 횡설수설에 뒤죽박죽으로 표현될 뿐이고, C. S. 루이스(Lewis)가 제임스 조이스(James Joyce)의 후기 저작들을 가리켜 경멸적으로 표현했던 '의식의 수증기'(steam of consciousness)[1] 처럼, 표면으로 올라오는 거품에 지나지 않는다.

---

1) 유사한 말인 '의식의 흐름'(stream of consciousness)은 원래 미국의 심리학자 윌리엄 제임스(William James)가 1890년에 처음 사용한 심리학 용어였으나 문학적 기법을 가리키는 용어로도 사용되며, 영국의 제임스 조이스는 이러한 기법을 사용한 대표적인 소설가다(위키피디아 '의식의 흐름'에서 인용).

내 말을 오해하지 않기 바란다. '하나님 앞에서 내뿜기'(steaming in the presence of God)라 불러도 좋을 만한 기도 방식에는, 완벽하게 가치 있는 무언가가 있다. 스스로 부글부글 끓어 넘친다고 느낄 때, 적어도 버둥대지 말고 하늘에 계신 아버지 앞에 나와 그분 앞에서 내뿜어라. 그러나 좀더 차분해지는 순간을 위한 정기적인 훈련으로서, 하나님께는 말할 것도 없고 우리 자신에게도 균형 잡힌 방식으로 이 기도를 하라고 권하고 싶다.

이 간구의 참된 깊이를 알려면 예수님의 삶으로 다시금 되돌아가야 한다.

예수님이 세상에 계실 때, 사람들은 그분에 관해 숱한 말을 했다. 그러나 모두 칭찬은 아니었다. 흥미로운 한 대목이 특히 도드라진다. 사람들은 예수님을 가리켜 "먹기를 탐하고 포도주를 즐기는 자"라고 했다(마 11:19). 예수님의 반대자들이 이런 말로 그저 멋지게 한 방 날렸다고 이해할 수도 있다. 그러나 이 표현이 어디서 왔는지 아는가? 실제로 이들은 신명기 21장을 인용했는데, 이스라엘이 완악하고 패역한 아들을 어떻게 처리할지 말씀하는 본문이다. 부모는 그 아들을 마을 장로들에게 데려가 다음과 같이 말해야 했다. "우리의 이 자식은 완악하고 패역하여 우리 말을 듣지 아니하고 방탕하며 술에 잠긴 자라"(신 21:20). 그러면 사람들은 그 아들을 돌로 쳐 죽여야 했다. 그러므로 "먹기를 탐하고 포도주를 즐기는 자"라는 말은 단지 예수님이 잔치에 지나치게 자주 간다는 비난이 아니었다. 이것은 '그는 우리 전통에 매우 불충하며, 따라서 죽어 마땅하다'라고 말하는 한 방식이었다.

그러나 예수님은 자신이 주기도에 제시한 과업을 수행하고 계셨을 뿐이었다. 예수님은 패역한 아들이 아니었다. 예수님은 **자신이** '아버지'라 부르는 분에게 충성하셨다. 예수님이 각양각색 친구들과 어울려 먹고 마시는 행위는 바로 하나님 나라를 드러내는 의도적인 신호였다. 그분의 잔치는 그저 포도주나 한 병 더 비우는 데 목적이 있지 않았다. 아버지께 일용할 양식을 구하는 기도는 그분의 더 넓고 깊은 과제의 한 부분이었다.

그 중심에, 하나님 나라를 드러내는 성경의 핵심 상징이 자리한다. 하나님이 자신의 백성을 위해 준비해 두신 큰 잔치다. 이 그림은 젖과 꿀이 흐르는 땅에 대한 비전으로 거슬러 올라가고, "내 원수의 목전에서 내게 상을 차려 주시고"라고 고백하는 시편 기자에게로 거슬러 올라가며(시 23:1), 광야에서 만나와 메추라기로 배부른 이스라엘 자녀들에게로 거슬러 올라가고, 이사야를 비롯한 여러 예언으로 거슬러 올라간다.

만군의 여호와께서 이 산에서 만민을 위하여
기름진 것과 오래 저장하였던 포도주로 연회를 베푸시리니
곧 골수가 가득한 기름진 것과
오래 저장하였던 맑은 포도주로 하실 것이며
또 이 산에서 모든 민족의 얼굴을 가린 가리개와
열방 위에 덮인 덮개를 제하시며
사망을 영원히 멸하실 것이라.
주 여호와께서 모든 얼굴에서 눈물을 씻기시며
자기 백성의 수치를 온 천하에서 제하시리라.

(사 25:6-8)

이러한 연회, 이러한 잔치는 하나님이 자신의 백성을 구해 내시고, 그들의 눈에서 모든 눈물을 닦아 주시려 마침내 행동을 개시하셨다는 신호다. 예수님의 여러 잔치, 그분이 광야에서 자신을 따르는 이들을 먹이신 일은, 볼 눈이 있는 자들로 하여금 이러한 전체 주제를 파악하고 축하하게 하려는 데 목적이 있었다. 늘 그러했듯이, 예수님이 하신 가장 강력한 말씀은 말에 그치지 않고 행동으로 옮겨졌다.

그런데 왜 사람들은 예수님을 비난했는가? 첫째, 예수님은 **온통**

엉뚱한 사람들과 함께 하나님 나라 잔치를 즐기셨기 때문이다. 예수님은 악명 높은 죄인들을 위해 큰 잔치를 자주 여셨다. 예수님은, 점잖은 여리고 주민들은 바깥에 세워둔 채 삭개오의 집에 들어가 그와 함께 식사하셨다. 한 유명한 본문에서, 예수님은 이야기를 통해 이러한 이상한 잔치를 설명하셨다. 양을 잃었다가 다시 찾은 이야기, 동전을 잃어버렸다가 다시 찾은 이야기, 아버지가 잃어버린 두 아들을 사랑으로 대하는 이야기였다. 예수님은, 지금 일어나는 일을 보며 천사들이 잔치를 열고 있으며, 따라서 자신도 그렇게 하는 게 마땅하다고 하셨다(눅 15:1-2, 7, 10, 23-24, 32). 예수님은 자신의 사역을 중심으로 하나님 나라를 다른 모습으로 보여 주고 계셨다. 그 중심에는, 누구든지 환영한다는 큰 표지판이 있었다. 누구든지 잔치에, 메시아 잔치에 참여할 수 있고, 하나님의 새로운 백성이 될 수 있다. 누구든지 환영이다. 예수님은 하나님 나라를 말하는 일용할 양식을 누구에게나 베풀고 계셨다.

그러나 예수님이 온통 엉뚱한 사람들과 잔치를 즐기고 계셨다면, 동시대 사람들의 눈으로 볼 때, **정확히 엉뚱한 시간에** 잔치를 즐기고 계신 것이기도 했다. 예수님 시대의 유대인들은 이스라엘 역사에 남을 만한 큰 슬픔의 순간들을 기억하며 다양한 금식일을 지켰다. 그러나 예수님은 이러한 날에 금식하기를 거부하셨다. 대신에 잔치를 여셨다. 그 이유를 설명하시면서, 혼인 잔치 손님들이 신랑과 함께 있는 동안에는 금식해서는 안 된다고 하셨다. 예수님은 하나님 나라의 큰 혼인 잔치를 열고 계셨다. 혼인 잔치가 계속되는 동안에는 침통한 얼굴을 하거나 금식을 해서는 안 된다. 예수님은 하나님 나라의 기이한 임재를 축하하고 계셨다. 예수님이 자신을 따르는 이들에게 주신 기도는 하나님 나라의 완전한 성취를 구하는 기도였다. 하나님의 백성이 굶주림과 죄책과 두려움에서 벗어나기를 구하는 기도였다. 이런 정황에서 보면, "오늘 우리에게 일용할 양식을 주시고"라는 말은 '잔치를 계속하라'는 뜻이다.

이것은 주기도의 이 구절에 관한 흥미로운 차이, 곧 마태복음의 주기도와 누가복음의 주기도에 있는 차이를 이해하는 데 도움이 된다. 헬라어가 까다롭긴 하지만, 마태복음의 이 구절은 "우리의 **내일** 양식을 **오늘** 주십시오"라는 뜻으로 보인다. 반면에, 누가는 이것을 "우리의 일용할 양식을 **그 날 그 날** 주십시오"라는 뜻으로 이해한다.[2] 이 구절들은 둘 다 예수님이 의도하신 서로 다른 측면을 반영하는 것으로 보인다. 마태복음의 이 구절은, 예수님의 전체 과업이라는 연결

---

[2] 누가복음에서 주기도의 이 구절은 "우리에게 날마다 일용할 양식을 주시옵고"라고 되어 있다(눅 11:3, 개역개정).

선상에서 이런 뜻을 담고 있다. "위대한 내일을 위해 약속된 생명의 양식을, 지금 여기서 우리에게 주십시오." 즉, "도래하는 하나님 나라의 축복을 바로 지금, 우리에게 주십시오"라는 뜻이다. 마태는 자신의 복음서를 쓰면서, 이 기도가 5천 명과 4천 명을 먹이신 사건에서 부분적으로 응답되었고, 최후의 만찬에서 조금 더 완전하게 응답되었으며, 예수님의 죽음과 부활에서 가장 완전하게 응답되었다고 보았다.

그렇다고 해서, 누가복음 주기도의 이 구절을 단지 일차원적이고 식상한 옛 양식을 구하는 기도라고 여겨서는 안 된다. 2장에서 보았듯이, 하나님 나라의 전체 핵심은 이것이다. 다시 말해, 하나님 나라는 우리의 바람과 갈망을 비육체적 수준으로 옮겨 놓는 게 아니며, 땅의 것에 등을 돌리고 '영적인' 것으로 향하는 게 아니다. 하나님 나라는 우리의 차원 안에서 태어나는 하나님의 차원에 관한 것이며, 대림절과 성탄절은 바로 이것을 고대하고 축하하는 절기다. 하나님 나라는 **하늘에서처럼 땅에도** 임해야 한다. 물론 일용할 필요와 바람들은 그 자체를 넘어, 더 이상 죽음과 슬픔이 없는 그 나라에 대한 하나님의 약속을 향한다. 하지만 하나님 나라의 약속은 이러한 육체적 필요들을 **포함하며** 따라서 이런 필요들을 부차적인 것으로 무시하거나 얕잡아보면 안 된다는 뜻이다.

따라서 주기도의 이 구절은 우리 자신의 기도에서 핵심이 되는 네 가지 문제를 보는 창이 된다.

첫째, 이것이 앞서 말한 횡설수설에 뒤죽박죽인 '의식의 수증기'와 무슨 상관이 있는지 생각해 보라. 기도하기 위해 생각을 정리하라. 무엇이 보이는가? 소란스러운 두려움과 소망과 바람과 난제가 보인다. 그 뒤에 몇몇 깊은 슬픔이, 어떤 실제적인 분노가 보인다. 그리고 바라건대, 어떤 실제적인 기쁨이, 어떤 진정한 즐거움이 보인다. 우리는 이 모든 욕망과 바람을 어떻게 해야 하는가?

크랜머(Cranmer)[3]의 전례에서 가장 강력한 기도 가운데 하나는, 그가 성찬식을 집례하기 시작할 때 드리는 기도다. "전능하신 하나님, 당신에게는 모든 마음이 열려 있고, 당신은 모든 바람을 다 아시며, 당신에게는 그 어떤 비밀도 숨기지 못합니다…" **하나님은 모든 바람을 다 아신다.** 당신은 여기에 어떻게 반응하겠는가? 이 말이 약속으로 들리는지 아니면 위협으로 들리는지 스스로 물어보면, 자신의 영적 건강 상태를 잘 알 수 있다.

하나님이 우리의 모든 바람을 다 아신다는 사실에 크게 위협을

---

[3] 영국의 종교개혁자이며 최초의 캔터베리 대주교를 지낸 토머스 크랜머(Thomas Cranmer, 1489-1556)를 말한다.

느끼는 사람이라면, 당연히 주기도가 '영적' 문제들에 관한 기도이기 바란다. 내가 나의 바람을 부끄러워하고, 하나님이 나의 바람을 알지 **못하시길** 더 바랄 경우, 내가 구하는 '일용할 양식'이 배가 아니라 영혼을 위한 것일 때 마음이 훨씬 편할 것이다. 그러나 예수님은 우리에게 이런 선택의 여지를 남겨두지 않으신다. 물론, 예수님은 자신의 청중에게 단지 썩을 양식을 위해 일하는 데 힘을 다 쏟지 말고, 영생하도록 있는 양식을 얻고자 노력하라고 경고하신다. 그러나 예수님은 청중에게 배를 채울 양식을 주지 않음으로써 이 점을 강조하지는 않으신다. 이들에게 배를 채울 양식을 주시고, 이를 통해 더 깊은 필요와 바람을 채울 더 깊은 양식을 공급하신다. 그분은 이들의 필요, 양식을 비롯한 모든 필요를 아시기에, 하나님은 모든 바람을 다 아신다는 말은 위협이 아니라 약속이다.

바울은, 성경을 주신 목적은 우리가 성경을 힘입어 소망을 갖게 하기 위해서라고 말한다. 성경은, 자신의 깊고 자연스런 갈망을 하나님 앞에 내어놓고 하나님의 목적에 맞게 응답받은 사람들의 이야기로 가득하다. 나오미는 과부가 된 며느리 룻이 새 남편을 얻길 간절히 바랐다. 하나님은 나오미의 간절한 바람에 응답하시고 룻을, 자신의 마음에 맞는 사람이라고 하신 다윗 왕의 선조로 삼으셨다. 한나는 자녀를 간절히 바랐다. 하나님은 한나에게 사무엘을 주셨고, 사무엘은 이스라엘에게 하나님의 대변인이 되었다. 사도행전 1장에서, 제자들은 이스라엘이 세상의 위대한 민족이 되기를 간절히 바랐다. 예수님은 이러한 문화적이고 정치적인 소망에 전혀 예상치 못한 방식으로 응답하셨고, 이들을 특사로 파견해 자신을 온 세상의 새로운 왕으로 선포하게 하셨다.

"오늘 우리에게 일용할 양식을 주시고." 따라서 주기도의 이 구절은 우리에게 이러한 사실을 일깨워 준다. 우리의 자연스런 갈망, 즉 양식과 이것이 상징하는 모든 것에 대한 갈망이 마치 그 자체로 악하기라도 하듯 피해서는 안 된다는 것이다. 물론 실제로 먹기를 탐하는 사람이라면, 지혜롭고 유익한 정도를 넘어서는 양식을 바라고 움켜쥔 것을 반드시 회개해야 한다. 그러나 하나님은 우리의 바람을 아시기에, 그 바람이 기도로 바뀌기를 원하신다. 우리의 바람이 정리되고, 정돈되며, 엉켰던 실타래처럼 풀리고 재확인되기를 바라신다. 한 구절 한 구절에 합당한 무게를 실어 진정으로 주기도로 기도한다면, 내적 삶의 무질서에서 벗어나 기쁨이 내면으로 들어올 수 있게 하는, 질서와 명료함을 향한 첫 걸음을 내딛는 것이다.

하나님 나라가 임하기를 구하는 기도는, 몇몇 종교가 주장하듯이, 우리의 바람이 제거되거나 사라지기를 구하는 기도가 아니다. 우리는 앞서 하나님의 이름과, 하나님의 나라와, 하나님의 뜻을 위해 간구했다. 이러한 정황에 비춰 볼 때, 이것은 우리의 바람이 하나님의 방식으로, 하나님의 때에 채워지기를 구하는 기도다. 우리가 가장 깊이 주린 대상은 다름 아닌 하나님이다. 따라서 이 구절은 우리가 하나님 자신으로 배부르길 구한다. 그리고 하나님이 이 기도에 응답하시리라는 데는 의심의 여지가 없다. "우리 바람의 열기 속으로 당신의 시원함과 향기를 불어넣으소서."[4)]

둘째, 이 구절은, 우리가 구체적인 필요를 놓고 기도하기를 원하시는 하나님의 의도를 상기시킨다. 의심할 여지 없이, "하나님, 모두에게 복을 내리소서!"라고 기도하는 것이, "하나님, 중동에 평화를 주소서!"라고 기도하는 것보다 훨씬 쉽다. 또 세상의 회심을 위한 기도가, 모임 시간에 늦지 않도록 가까운 자리에 주차 공간이 있기를 구하는 기도보다 더 '영적'인 기도로 보일지 모른다. 물론, 그리스도인의 기도가 단지 주차 공간을 구하는 일이거나, 자기 팀의 승리를 구하는 일이거나, 교회 행사를 위해 맑은 날씨를 구하는 일일 **뿐이라**고 생각한다면, 그리스도인의 기도를 하찮게 여기는 것이다. 그러나 일단 일용할 양식을 구하는 기도를, 이 기도가 속한 하나님 나라를

---

4) 미국 퀘이커 교도이자 시인인 존 그린리프 휘티어(John Greenleaf Whittier)의 시에서 따온 "Dear Lord and Father of Mankind"라는 찬송에 나오는 가사다.

구하는 전체 기도 안에 자리하게 하고, 그러고 나서 우리에게 바로 지금 절실히 필요한 구체적인 것들에 눈을 돌리는 것은 결코 하찮은 일이 아니다. 아이들은 '아버지'라 부르는 사람을 사랑하고 신뢰할 때, 바로 이렇게 한다.

셋째, 그러나 물론 우리는 눈을 들어 자신의 필요 너머를 보아야 한다. 어제 양식이 없었고, 오늘도 양식이 없으며, 내일도 도무지 양식을 구할 길이 없어 보이는 수많은 사람들의 형편을 제대로 알지 못한다면, 우리에게 일용할 양식을 달라고, 또는 내일의 양식을 오늘 달라고 진정으로 기도하기란 불가능하다. 하지만 주일에 교회에서 이 기도를 한 후 점심을 먹으러 집에 돌아갈 때, 우리는 이 기도를 어떻게 실행에 옮길 수 있는가?

우리는 최선을 다해 베풀 수 있다. 우리는 정치적으로 더 민감해지고 적극적이 될 수 있으며, 외국 원조만이 아니라 더 정의롭고 더 공정한 세계 경제를 지향하는 프로그램을 후원할 수 있다. 일용할 양식을 위해 기도한다는 말에는 이런 뜻도 담겨 있다. 더 나아가, 우리는 단지 굶주린 자들을 **위해서** 기도하는 게 아니라 굶주린 자들과 **함께**, 또 무엇이든 절실한 필요 때문에 절망하는 모든 사람과 **함께** 기도해야 한다. 주기도로 기도할 때, 우리는 자신을 더 큰 기독교 가족의 일원, 인류 가족의 일원으로 여기고, 굶주린 자들의 편에서며, 따라서 이들을 위해 기도해야 한다.

이렇게 기도함으로써, 우리는 이 세상의 대표자로 나서서('왕 같은 제사장'이란 말이 이런 뜻이다), 우리 자신의 나라를 비롯해 전 세계의 굶주리는 수많은 사람의 말 없는 기도를 말로 바꾼다. 굶주린 자들을 먹이시고 절망에 빠진 자들을 보살펴 달라고 하늘에 계신 우리 아버지께 간구하는 말로 바꾼다. 이렇게 기도할 때, 우리가 진지한가 하는 문제는 당연히 그 사람들, 곧 우리가 대변하는 사람들 곁에 몸소 나란히 설 준비가 되었느냐는 문제로 바뀐다. 결국, 이것은 위험하고 불온한 기도다. 그러나 이것은 예수님이 우리에게 가르치신 기도다. 이렇게 이해할 때, 양식을 구하는 이 기도의 위험은 우리가 이 구절에 너무 늦게 이른다는 것이다. 이 기도는 이제 우리에게 매우 긴급한 상황이 된다.

넷째, 기도의 이러한 모든 면이 가장 분명하게 하나 되는 때가 있다. 우리가 주님의 식탁에 둘러 앉을 때, 성령의 능력으로 떡과 포도주가 예수 그리스도 안에 있는 하나님의 사랑이 전달되는 통로와 매개가 될 때다. 성찬은 어떤 의미에서 기도의 가장 숭고한 형태이며, 우리 기도에 대한 첫째이자 가장 기본적인 응답이다. 성찬은 나머지 모든 응답을 또렷하게 보이게 하는 렌즈다.

성찬은 첫째로, 예수님이 자신을 기억하고 생각하라고 우리에게 친히 가르치신 방식이다. 주기도가 그분의 삶과 사역을 요약하고, 그분을 따르는 자들이 그분의 삶과 사랑을 호흡하며 자기 것으로 삼을 수 있게 해주는 기도라면, 성찬 역시 이와 똑같은 역할을 하며, 특히 그분의 죽음과 부활을 가리키는 **상징**이다. 예수님을 기억하며 성찬에 참여할 때, 우리는 마음과 생각을 통해, 성례전적 시간과 공간에서 예수님 자신의 삶으로 되돌아간다. 그분이 친구들과 잔치를 즐기셨고, 하나님 나라 잔치를 마지막으로 여겼듯이 말이다. 성찬은 하나님 나라의 향연이며, 우리는 귀빈이다. 앞서 보았듯이, 주기도의 이 구절은 바로 여기에서 시작되었다.

그러나 성찬은 무엇보다도 우리가 육체적, 심리적, 정서적, 영적 필요를 하나님 앞에, 우리의 모든 바람을 아시는 하나님 앞에 내어놓을 수 있는 자리이기도 하다. 우리는 성찬에서 드라마를 공연한다. 다시 말해, 빈 손으로 나와 양식을 받는다. 하나님의 양식, 생명의 양식, 내일의 양식, 곧 예수 그리스도를 받는다. 이러한 드라마는 우리가 횡설수설에 뒤죽박죽인 우리 자신을 하나님의 빛과 사랑에 들여놓는 전체적인 행동을, 깊고 풍성한 하나의 상징으로 표현한다. 우리는 이 행동을 통해, 그게 무엇이든 자신의 머리와 마음에 있는 것을, 두려움이나 부끄러움 없이 하나님 앞에 내어놓고, 우리의 염려를 결코 너무 고통스럽게 여기지도 너무 하찮게 여기지도 않을 수 있다. 우리가 '아버지'라 부르는 하나님이 육신의 양식과 더불어, 치유와 용서와 지지와 용기는 물론이고 우리 삶의 나머지 모든 부분에서도 우리에게 필요한 모든 것을 주시리라 믿기 때문이다.

따라서 마지막으로, 성찬은 우리가 다름 아닌 그리스도의 백성으로서, 굶주린 자들은 물론이고 절박한 필요에 처한 사람들을 대신해 나오는 자리다. 예수님은 온갖 부류의 사람과 더불어 잔치를 즐기시며 하나님 나라를 기념하셨다. 우리도 그렇게 해야 한다. 실제적인 제안을 하나 하겠다. 물론 출발점일 뿐이다. 그러나 무엇이든지 거창하고 일반적인 개념으로 남겨두기보다 어디서라도 시작하는 게 낫다. 다음에 성찬에 참여할 때, 자신이 직간접적으로 알거나 텔레비전에서 본 사람들 중에, 문자 그대로든 은유적으로든 오늘 하나님의 양식이 필요한 누군가를 머리와 가슴에 담고 나아오라. 이들과 함께 나아오라. 마음속으로 이들과 함께 제단 앞에 무릎을 꿇으라. 이들과 함께 떡과 포도주를 나누라. 돌아갈 때, 하나님의 양식으로 힘을 얻고, 당신의 새로운 친구가 "오늘 제게 일용할 양식을 주십시오"라고 기도할 때 그가 무슨 뜻으로 이렇게 기도했을지 스스로에게 물으라. 그런 후에, 자신이 그 기도에 대한 하나님의 응답이 되려면 어떻게 해야 하는지 물으라.

결국, 우리가 주님의 식탁에 둘러앉는 까닭은 그분이 버릇처럼 온

통 엉뚱한 사람들과 잔치를 여셨기 때문이다. 우리도 그분을 따라 시작해야 하지 않겠는가?

4장

우리 죄를 용서하여 주시고

'달리는 사람'은 신약 성경 전체에서 가장 생생한 이미지 가운데 하나다.

요즘, 온갖 부류의 사람들이 건강을 위해 달리고 또 달린다. 대통령과 정치인도 조깅복 차림으로 운동하는 사진까지 찍는다고 한다. 그러나 예수님 시대라면, 동네에서 연배가 높아질수록 발걸음도 덩달아 느려졌을 터이다. 잰걸음은 품위가 없어 보인다. 무게가 없어 보인다.

따라서 예수님은 달리는 사람의 이야기를 들려주시면서, 자신의 청중에게, 이를테면 수상이 수영복 차림으로 의회 개회식에 나타났을 때와 똑같은 효과를 꾀하신 것이다. 체통을 깡그리 잃은 경우다.

이 사람이 왜 달리는지 알면 더 충격적이다. 이 사람은 누군가를 맞이하려고 달려 나간다. 그 누군가란, 자신에게 저주를 퍼부은 사람이며, 온 가족을 망신시킨 사람이다. 우리는 이 이야기를 '탕자의 비유'라 부른다(눅 15:11-32). 하지만 이 비유를 '달리는 아버지의 비유'라고 불러도 좋겠다.

이 사람이 달리는 이유를 이해할 때에야, 비로소 예수님이 우리에게 "우리가 우리에게 잘못한 사람을 용서하여 준 것같이 우리 죄를 용서하여 주시고"라고 기도하라고 가르치실 때 의도하신 뜻을 제대로 이해할 수 있다.

우리는 달리는 아버지의 이야기 같은 충격적인 이야기가 필요하다. 우리 시대는 용서를 잊어버렸거나 하찮게 여기기 때문이다. 일단 도덕을, "좋다고 느끼면, 그렇게 해"라고 말하는 철학으로 대체하면, 용서할 것이 전혀 없다. 우리가 어떤 일로 기분이 나쁘면, 우리 문화는 사적 세계로 물러나 그 일이 일어나지 않았던 척하라고 말한다. 이런 세상에서라면, 하나님이 나를 용서하실 필요도 없고, 내가 누군가를 용서할 필요도 없다. 설령, 사람들이 여전히 용서를 생각하더라도, 사소한 개인적인 죄에 대한 사소한 개인적인 용서를 좀처럼 넘어서지 못한다. 사람들은 하나님이 자신의 사소한 잘못을 용서해 주시기를 바라고, 이웃의 바보짓을 적어도 부드럽게 웃어넘기려 노력한다.

우리 시대는 진정한 용서 대신 '관용'이라는 애매한 개념을 배웠다. 관용이란 기껏해야 용서의 저급한 패러디에 지나지 않는다. 최악의 경우, 관용은 인간의 삶에서 일어나는 진짜 문제들을 카페트 밑에 쓸어 넣는 방식이다. 이 비유에 등장하는 아버지가 그저 아들에게 **관용을 베풀려** 했다면, 한길까지 달려가 아들을 맞지는 않았을 것이다. 용서는 우리가 생각하는 것보다 더 풍부하고, 더 높고, 더 어렵고, 더 충격적이다. 예수님의 메시지는 용서의 진품을 제시하며, 그 메시지는 인간이 만든 그 어떤 모조품도 받아들이지 말라고 주장한다.

그렇다면 예수님은 이 이야기뿐 아니라 자신이 하시는 일, 곧 이 이야기가 설명하는 일을 통해 어디에 이르셨는가? 예수님이 가르쳐 주신 기도를 할 때, 이 이야기를, 이것이 가리키는 현실을 기도로 바꾸기 위해 우리는 어떻게 해야 하는가?

예수님이 하나님 나라를, 하나님의 규범을 선포하시고 있었다는 사실은 이미 살펴보았다. 하나님은 마침내 이스라엘을 노예 상태에서 해방하시고, 그럼으로써 온 세상을 제자리로 되돌리시고 있었다. 예수님의 동시대 사람들은 억압과 포로 생활이 정치적으로, 사회적으로, 문화적으로, 경제적으로 끝나기를 바랐다. 그러나 결코 이것이 아주 뿌리 깊은 문제라고는 생각하지 않았다. 모든 선지자가 말했듯이, 억압과 포로 생활은 이스라엘의 죄 때문에 일어난 결과였다. 따라서 이스라엘이 억압과 포로 생활에서 해방되려면, 해방의 사건이란 아주 간단히 말해 **죄 용서**일 터였다. 감옥에 갇힌 사람들은, 의심할 여지 없이 어느 정도든 용서를 원한다. 그런데 내무장관이 달려가 감옥문을 열고 이들을 내보낸다면(이건 충격적인 생각이다), 이들은 자신이 완전히 사면되었음을, 완전히 용서받았음을 더없이 분명하게 알게 될 것이다.

이런 내용은, 복음서에 기록된 세례 요한 이야기에 분명하게 나타난다. 세례 요한은 "죄 사함을 받게 하는 회개의 세례"를 전파하고 있었다(눅 3:3). 이것은 양심의 가책으로 괴로워하는 사람이 안도감을 찾게 해주는 일이 아니었다. 요단 강을 건넌다는 말은 다시 출애 굽한다는 뜻이었다. 세례 요한의 행동은, 이런 방법으로 하나님이 자 신의 백성을 구속하신다는 것을 암시했다. 세례 요한은 진정한 포로 귀환을, 그런 의미에서 '죄 용서'를 선포하고 있었다. 그는 앞으로 오 실 그들의 하나님을 맞이하도록 사람들을 준비시키고 있었다. 예수 님은 한 이야기를 들려주셨는데, 이렇게 예수님이 세상에 오신 모습 은, 한 사람이 패역한 아들을 맞으러 달려 나가는 모습을 닮았다.

예수님은 세례 요한의 메시지에서 시작하셨으나, 두 가지 면에서 그를 철저히 떠나셨다. 첫째, 예수님은 그 메시지를 요단 강에서 거 리와 마을로 옮기셨다. 둘째, 예수님은 사람들에게, 세례 요한이 곧 오리라고 말한 것이 이제 왔다고, 말과 상징적 행위로 말씀하셨다. 예수님은 "작은 자야…네 죄 사함을 받았느니라"라고 말씀하신다 (마 9:2). 랍비 훈련을 받지 않았을 뿐더러 제사장 자격도 없는 사람 이 한 개인의 집에서 했던 이 놀라운 선언이 충격적인 까닭은, 부분적 으로는 예수님이 일반적으로 성전을 통해 주어지던 것을 자신이 주 려고 하셨기 때문이지만, 부분적으로는 그분이 '죄 용서', 즉 놀라운 해방이 실제로 도래했다고 말씀하시고 있었기 때문이기도 하다.

그분은 자신을 누구라고 생각하시는가? 사람들은 아주 자연스럽 게 물었다. 대답은 분명하다. 예수님은 자신이 하나님 나라를 가져

오는 자라고 생각하신다. 예수님은 단순한 '선생'이 아니다. 예수님은 **일어나는** 일에 관해 **선언하고** 있다. 예수님은 이 선언을 설명하고, 이 선언이 사실임을 증명하는 일들을 행하고 또 말씀하시고 있다. "작은 자야…네 죄 사함을 받았느니라." 그리고 그 사람의 중풍을 고쳐 주신다. 예수님은 세리와 죄인들과 함께 앉아 식사하시고, 이스라엘의 하나님이 보시는 열린 환영(歡迎)을 실천하신다. 이러한 체통 없는 행동에 비난이 쏟아지자 예수님은, 체통은 갖다버리고 맨발로 달려나가 패역한 아들을 맞는 아버지의 이야기를 들려주신다. 치유, 잔치, 이야기, 상징이 그 자체로 스스로 말한다. 바로 너희 눈앞에서 죄 용서가 이루어지고 있다. 이것은 새로운 출애굽이고, 진정한 포로 귀환이며, 예언의 성취이고, 위대한 해방이다. 이것은 우리 눈부신 하나님의 수치스러운 강림이다.

그래서 예수님은 아름다운 갈릴리 전역을 마을마다 다니며, 하나님 나라가 도래했고 죄 용서가 이루어지며, 하나님이 마침내 자신의 백성을 세상의 소금과 빛으로 바꾸고 계신다고 선포하셨다. 사람들이 당신의 부름에 반응하는 곳이면 어디서든, 예수님은 그들에게 새로운 출애굽 백성으로서, 죄를 용서받은 백성으로서 어떻게 살아야 하는지 가르치셨다. 사람들은 각자의 마을과 동네에서 하나님 나라 백성의 조직으로, 예수님과 그분의 하나님 나라 비전에 충성하는 작은 그룹으로 살아야 했다.

특히, 이들은 하나님의 용서를 직접 받았기에 그 용서를 직접 실천해야 했다. 그렇게 하지 않는다면, 주위에서 일어나고 있는 일을 파악하지 못했다는 뜻이다. 예수님의 공동체에서 한 구성원이 동료 구성원을 용서하지 않으려 하는 순간, 그는 사실 이렇게 말하는 셈이었다. "나는 사실 하나님 나라가 도래했다고 믿지 않아. 죄 용서가 실제로 일어났다고 생각하지 않아!" 서로 용서하지 않는다는 것은 새로운 도덕적 가르침에 따라 살지 못하는 문제가 아니었다. 이것은 자신이 앉아 있는 가지를 잘라 버리는 짓이었다. 하나님 나라 백성인 이유, 예수님의 백성인 이유는 단 하나, 죄 용서가 일어나고 있기 때문이다. 그러므로 용서를 삶으로 실천하지 못한다면, 자신의 새로운 존재 기반을 부정하는 셈이었다.

그래서 주기도는 이 시점에서 가장 특이한 구절을 담고 있다. 기도자로서 방금 드린 간구를 뒷받침하는 행동을 취하라고 요구하는 구절이다. "우리가 우리에게 잘못한 사람을 용서하여 준 것같이 우리 죄를 용서하여 주시고."[1] 기도와 삶은 여기서 떼려야 뗄 수 없게

---

1) 원문에서는 "우리 죄를 용서하여 주소서. 우리가 우리에게 잘못한 사람을 용서하여 준 것같이"의 순서로 되어 있다.

단단히 결합된다. 주목하라. 이 기도의 의미는 우리가 하나님의 용서를 얻어내기 위해 먼저 용서해야 한다는 말이 **아니다**. 이것은 예수님과 그분의 나라에 대한 우리의 충성을 한층 강조하는 말이다. 이러한 하나님 나라의 핵심 축복을 요구하는 모습이 이치에 맞으려면, 방법은 하나뿐이다. 우리 자신이 동일한 핵심 축복을 직접 삶으로 실천하지 않으면 안 된다.

이 구절은 예수님을 따르는 자들에게 많은 의미를 지닌 구절이었다. 그중 하나로, 이들은 오래되고 위대한 성경의 명령, 곧 희년 명령을 실행해야 했다. 이들은 서로 죄와 허물을 용서해야 했을 뿐 아니라 빚을 받으려 해서도 안 되었다. 실제로, 마태복음의 주기도에서 관련 단어는 이런 의미를 분명히 내포한다. "우리가 우리에게 **빚진 자들을** 사하여 주듯이 우리의 빚을 사하여 주소서." 어쩌면 당신은, 우리가 하나님께 진 빚은 경제적 빚이 아니라 도덕적 빚이기 때문에, 예수님은 이 단어를 은유로 사용하신 것이 분명하다고 말할지도 모르겠다. 때로는 그렇다. 그러나 이 문제를 그렇게 쉽게 회피해서는 안 된다.

예수님 시대에는 빚 문제가 아주 심각했다. 예수님 시대 30년 후, 로마와 맞서는 유대 전쟁이 시작되는 시점에 혁명군이 성전을 장악했을 때,[2] 이들이 가장 먼저 한 일은 빚 문서를 불태우는 것이었다.

초대교회는 예수님이 실제로 빛에 관해 말씀하셨다고 분명하게 믿었다. 주기도는 단지 자기 양심의 가책을 가라앉히는 개인적 측면에서가 아니라(이것도 중요하기는 하지만), 정의와 평화가 개인적·실존적으로 임할 뿐 아니라 경제적·사회적으로도 임하는 새로운 날의 측면에서도 의미가 있다.

그러므로 주기도에서 이 구절은, 다른 모든 구절처럼 예수님의 삶과 선포에 뿌리박고 있다. 앞서 말했듯이, 주기도를 주신 목적은 예수님을 따르는 자들이 그분이 하시는 일을 호흡하고, 그 호흡을 통해 그분의 삶을 살아갈 수 있게 하기 위해서다. 그렇다면 이런 점은 특히 이 구절에서 어떻게 작용하겠는가?

첫째, 예수님을 가장 먼저 따른 이들의 관점에서 보면, 이 기도는 예수님이 십자가에 달리셨을 때 가장 완전하게 응답되었다. 부활의 빛을 통해, 이들은 십자가가 실제로 자신들이 기다렸던 위대한 해방과 용서의 행위라는 것을 깨닫게 되었다. 비록 당시에는 전혀 그렇게 보이지 않았지만 말이다. 이들의 상속자이자 계승자인 우리는 그 위대한 사건을 돌아보며 감사하고, 그 사건을 매년, 매주 진정한 슬픔으로 기념한다. 온 세상의 아픔과 죄가 한 곳에 매달려 영원히 해

---

2) 주후 66-73년에 벌어진 제1차 유대-로마 전쟁 또는 유대독립전쟁을 가리킨다.

결된 순간으로 기념한다.

예수님이 십자가에서 돌아가셨을 때 죄가 단번에 영원히 용서되었다면, 왜 아직도 세상에 죄와 악이 존재하는가? 우리는 신앙고백과 찬송에서, 전례와 성경에서, 이 기도가 이미 응답되었다고 말하면서도, 왜 이 기도를 날마다 계속해야 하는가?

이 질문의 대답은 다음과 같다. 우리는 지금 골고다와 부활절의 전무후무한 승리를, 세상 속에서 세상을 위해 실현하는 역할을 수행하라고 부름받았다. 교회는 하나님이 온 우주를 위해 성취하시려는 죄 용서라는 위대한 행위의 전위부대가 되어야 한다. 그날에는, 정의와 평화, 진리와 자비가 하나님이 지으신 세상을 다스릴 것이다. '주기도로 기도하는 사람들'이라 정의해도 거의 무방한 교회는, 생명의 길을, 용서의 길이기에 사실상 **유일한** 생명의 길을 제시하고 그 길을 닦아야 한다.

그러므로 이 기도를 한다는 말은, 아주 넓은 의미에서 보면 세상을 위해 기도한다는 뜻이다. "우리 죄를 용서하여 주시고." 잠시 자신의 죄와 가까운 이웃의 죄에서 눈을 돌려, 고통에 신음하며 평화와 정의를 갈망하는 세상 전체를 보라. 정치꾼과 권력 브로커들이 펼치는 끝없는 진흙탕 싸움을 보고, 그로 인해 끝없이 일어나는 인간의 비극을 보라. 남편과 집을 잃고 눈 속에서 겨울을 맞는 과부의 처지가 되어 보라. 또는 자신이 옴짝달싹 못하는 처지에 빠졌으며, 가능한 선택이란 온통 악한 것뿐임을 알게 된 정치가의 처지가 되어 보라. 다르게 사는 방식이 있음을 잊고 폭력에 빠져 허우적대는 사람들의 처지가 되어 보라. 이 모두를 하나의 이미지에, 먼 나라에서 돼지를 치는 유대인 청년의 이미지에 대입해 보라. 그런 후, 용기를 내어 "우리 죄를 용서하여 주소서"라고 말해 보라. "내가 일어나 아버지께 가서 이르기를, 아버지 내가 하늘과 아버지께 죄를 지었사오니…"(눅 15:18). 그러나 고통에 신음하는 온 세상을 생각하며 이런 말로 기도하면서 다음 장면을 그려 보라. 도저히 생각할 수 없는 일, 수치스러운 일을 아버지가 하신다. 아버지가 달려가, 몰골이 말이 아닌 채 비틀거리는 아들을 덥석 안는다.

세상을 위해 이 기도를 할 때, 살아 계신 하나님이 우리를 통해 이 사회에 제시하기 원하시는 새로운 비전에 주목하자. 우리는 희년을 위해, 세상의 절반을 비틀대게 하고 나머지 절반을 호의호식하게 하는 빚을 없애기 위해 일하고 기도할 수 있지 않겠는가?

이 구절의 둘째 부분—"우리가 우리에게 잘못한 사람을 용서하여 준 것같이"—은 이런 상황에서 어떻게 실행될 수 있는가? 세상을 위해 이 기도를 하는 사람들로서, 우리는 스스로 이렇게 사는 백성이 되라는 소명을 받았다. 누가복음 말미에서, 예수님은 제자들을 보내면서 온 세상에 '죄 용서'를 선포하라고 하신다. 교회는 희년 메시지를, 죄 용서의 메시지를 선포하고, 또 삶으로 살아야 한다. 교회는 세상 앞에서 수치스럽고, 영광스러우며, 충격적이고, 기쁨이 가득한 메시지, 곧 왕이 오셨다는 메시지를 구현해야 한다. 세상이 교회가 하는 일을 보고 질문할 때, 한달음에 달려가 패역한 아들을 덥석 끌어안는 아버지의 이야기가 그 정답이 되어야 한다. 그러므로 이 기도의 둘째 구절은 우리의 모든 그리스도인 형제자매와 더불어 사랑하고 평화하며 살겠다는 헌신의 기도다. 이 기도가 교회 일치 운동의 근간이 되어야 할 뿐만 아니라, 이 기도를 할 때마다 우리 공동체 안에서 화해가 이루어져야 한다는 것을 날마다 되새겨야 한다.

당신은 교회가 과녁을 한참 빗나간 듯이 보인다고 말할지 모르겠다. 그렇다. 내 생각에도, 우리는 과녁을 한참 빗나갔다. 그러나 아직도 결코 늦지 않았다. 우리 눈을 들어 비전을, 오시는 하나님의 비전을 다시 붙잡아야 한다. 세례 요한은 광야에서 외치는 소리, 주님의 길을 예비하고 하나님을 위해 광야에 대로를 만들라고 외치는 소리였다. 주님의 영광이 드러날 것이고, 모든 육체가 함께 그것을 볼 것이다. 예수님은 이렇게 말씀하신다. 길을 내달리는 아버지의 모습, 그날의 모습이 이와 같으리라. 당연하게도 부루퉁한 채 모퉁이에 서서 송아지가 그냥 살찐 줄 아느냐며 투덜대는 형의 존재로 그림이 어두

워졌다면, 이것은 예수님 자신이 비전과 현실 사이의 문제를, 즉 패역한 아들을 환영해야 할 뿐 아니라 상처 입고 당혹해하는 형을 설득해야 할 필요성을 잘 아신다는 뜻이다. 이것도 이 기도의 한 부분이다. 다시 말해, 우리가 탕자의 관점에서 기도한다면, 교회와 세상의 모든 형을 위해, 그 순간 자신은 잔치에 참석할 수 없다고 생각하는 사람들을 위해서도 기도하는 법을 배워야 한다.

그렇다면 이 기도는 우리 개인의 삶에 어떻게 영향을 미치는가?

가장 먼저 말할 부분은 전례와 관련이 있다. 토머스 크랜머는 우리가 회개하는 죄인으로서 하나님께 나와야 한다는 점을 매우 강조했고, 그래서 조도(朝禱, Mattins)와 만도(晚禱, Evensong)의 순서에서 가장 먼저 할 일은 자신의 죄를 고백하는 것이라고 했다. 그러나 이런 마음가짐이 당신의 영적 상태를 지배하게 한다면, 자신을 **영원히** 탕자로, 집에 기듯 들어와 엄한 아버지와 마주해야 하고, 과거는 과거로 묻어 두시라고 아버지를 설득해야 하는 탕자로 생각할 위험이 있다. 물론, 이런 그림도 이 비유의 어설픈 모조품에 지나지 않는다.

또한 이런 문제는 다음과 같은 반발을 일으킨다. "그건 너무 비참해요! 죄 문제에 그렇게 신경 쓰지 않아도 된다니까요. 병적이고 불필요해요!" 주기도의 균형은 이러한 양극단을 바로잡는다. 토머스 크랜머의 성찬식이 그런 균형을 지닌 것처럼 말이다. 양편 모두에서,

우리는 사랑받는 자녀로서 아버지 앞에 나오며, 아버지의 식탁에서 잔치를 즐길 준비가 되어 있다. 물론, 식사 전에는 손을 씻는 게 옳다. 우리는 여전히 죄를 고백하고 사면받아야 하는데, 아버지의 즐거운 환대와 잔치에 대한 기대라는 더 큰 틀 안에서 그렇게 해야 한다. 아버지의 진심어린 환대를 받았기에, 아버지를 향한 우리 사랑을 표현했기에, 아버지를 믿기에, 우리는 이렇게 말한다. "우리가 정리해야 할 어려운 문제가 한두 가지 있어요." 하나님이 부드럽게 대답하신다. "그래, 있지. 그렇지 않겠니? 그 문제를 꺼내놓고 해결해 보자꾸나!"

이러한 균형이 무엇을 성취하는지 주목하라. 우리는 죄책에 대해, 셋 중 하나의 입장을 취하기 쉽다. 사실이 아닌 죄책을 상상하거나, 사실인 죄책을 부정하거나, 그저 죄책을 끌어안고 살아가는 것이다. 하지만 이 세 가지 모두 궁극적으로 아무 소용이 없다. 이 셋은 각각 우울증과 분노는 물론이고, 다양한 영적·심리적 문제를 일으킬 수 있다(물론, 이것들은 다른 원인으로 일어날 수도 있다). 주기도는 이러한 편집증을 걷어 내고 우리로 하여금 본질에 집중하게 해준다. 주기도가 담고 있는 진리는 통합적이어서, 우리의 눈을 맑게 해 우리 죄책 가운데 어느 부분이 순전히 상상일 뿐이고 어느 부분이 진짜인지, 그리고 진짜 부분을 어떻게 처리해야 하는지를 볼 수 있게 한다. 일단 진짜 죄책과 마주하게 되면 그 죄책을 충분히 다룰 수 있다. 죄책을 솔직하고 정직하게 고백하고, 예수님의 삶과 죽음에서 보듯이, 용서하시는 하나님의 사랑을 다시금 깨닫고 바라보면 된다. 상상 속의 질병을 안고 의사를 찾아가 봐야 헛수고다. 그러나 실제로 어딘가 잘못되었다면, 의사에게 맡기는 게 낫다.

특히, 다른 사람에게 입은 상처라면, 의사에게 치료를 맡기는 게 낫다. 이것은 예수님이 사용하신 또 다른 이미지다. 누구라도 다른 사람이 한 말이나 행동 때문에, 신체적이든 정서적이든 시퍼렇게 멍든 자리가 있기 마련이다. 이런 상처는 우발적으로 생길 때가 많다. 사람들이 우리를 해치려 했던 게 아니다. 하지만 그들의 행동이나 말이 여전히 우리를 아프게 하고, 여전히 우리 기억에서 살아 꿈틀댄다. 이럴 때 할 일은 하나뿐이다. 하나님 앞에 사실대로 솔직하게 털어놓아야 한다. 무엇보다 그분은 사람들의 말과 행동에 상처를 많이 받으셨고, 또 많이 받고 계신다. 그분은 상처 입은 자들을 치유하시고, 오래 걸리는 용서의 과정을 도우시는 분이기에, 그분이라면 우리의 멍든 자리도 말끔히 치유하실 수 있다.

물론, 죄책에서 벗어나는 일은 결코 쉬운 일이 아니다. 이런 일들을 진지하게 시작해 본 적이 없다면, 시간이 걸릴 테고, 도움이 필요할 것이다. 이것은 사제가 할 일 가운데 하나다. 물론, 지혜로운 평신도 친구도 기도하며 사제 못지않게 이런 일을 잘 해 낼 수 있겠지만 말이다. 이와 관련해 도움이 되는 책들도 있다. 그러나 가장 큰 도움은, 주기도로 더없이 정직하고 주의 깊게 기도하는 것이다. 우리는 예수님을 따르는 이들이다. 그렇기에 사방에서 밀려드는 더럽고 세균이 득실대는 공기 대신, 영적 폐에 필요한, 진정한 하나님의 용서를 시원하고 맑은 공기로 삼아 날마다 호흡하는 것은 우리의 특권이다. 일단 하나님의 신선한 공기를 들이마시기 시작하면, 그 공기를 내쉬기 시작할 가능성도 높다. 용서받는다는 것이 무엇인지 배울 때, 다른 사람을 용서하는 일이 가능하고, 그 일이 참으로 즐겁다는 것을 깨닫기 시작한다.

물론, 이렇게 하나님의 깨끗한 공기를 들이마시는 것은 특히 우리가 예수님의 식탁에서 먹을 때 하는 일이다. 성찬은 단지 최후의 만찬의 후예가 아니라 예수님이 모든 사람과 함께하신 잔치들, 이들이 놀랍게 극적으로 용서받았다는 하나의 상징으로 여신 행복하고 충격적인 잔치들의 역사적인 직계 후예다. 바꾸어 말하면, 이 식사는 예수님이 '달리는 아버지'의 이야기를 통해 설명하신 식사와 직접 연결된다. 이러한 이미지를 생각하면서 성찬에 참여하라. 당신이 어느 먼 나라에 있든 간에, 어떤 이유로 거기 있든 간에, 잠시도 더 거기 머물 필요가 없다. "우리 죄를 용서하여 주시고"라는 구절에 이를 때면, 당신은 이미 당신을 맞으러 달려 나오신 아버지의 품에 안겨 있을 것이다.

5장

악에서 구하소서

4장에서는 용서를 구하는 기도를 살펴보면서 '달리는 아버지' 이미지에 초점을 맞췄다. 이제 "악에서 구하소서"라는 기도를 살펴볼 차례다. 이 기도가 제시하는 지배적인 이미지는 바로 '기다리는 어머니'다.

"그 모든 세월의 희망과 두려움이 오늘 밤 네 안에서 만나도다." 이는 "오 베들레헴 작은 고을아"라는 성탄절 찬송의 가사로, 예수님이 태어나신 베들레헴을 노래하는 내용이다. 이 가사를 예수님의 어머니 마리아에게 똑같이 적용해도 좋겠다. 마리아는 "보십시오, 나는 주님의 여종입니다"라고 말했다(눅 1:38, 새번역). 앞의 가사는 마리아에게 딱 어울린다. 마리아는 적절치 않은 계절에 위험한 여행을 해야 했다. 여행사 직원은 호텔을 이중 예약했다. 마리아의 내면에서 아홉 달 동안 계속되던 희망과 두려움이, 고통과 수고의 위대한 순간 집중되었다.

해산의 고통은 마리아 이야기의 중심이다. 큰 두려움을 통해 태어난 큰 희망이 마리아 이야기의 중심이다. 성탄절 전야의 이미지, 우리 시대에는 다음 날을 정신없이 준비하느라 묻혀 버린 성탄 전야의 이미지는, 새벽이 밝기 전의 깊은 어둠, 샛별이 뜨기 전의 어둠을 당연히 포함한다. 많은 그리스도인에게, 그들 삶의 많은 부분에서, 이러한 이미지는 그들이 처한 현재 상태를 요약해 준다. 세상은 여전히 뒤죽박죽이다. 그러나 우리는 안다. 하나님의 새로운 세상이 현재의 아픔과 고통을 **통해** 태어날 것이다. 우리는 이것을 안다. 과대망상에 사로잡힌 늙은 폭군이 어린 왕위 계승자에 관한 풍문을 들었기에, 사형 선고를 받은 채 세상에 오신 그분을 알기 때문이다.

그러므로 어린 왕위 계승자가 자라서 어중이떠중이들을 끌어모아 왕의 수행원으로 삼고 이들에게 신분을 나타내는 배지로, 긴급한 간구, 곧 "우리를 시험에 빠지지 않게 하시고, 악에서 구하소서"라는 간구가 포함된 기도를 주었다는 것은 그다지 놀랄 일이 아니다.

주기도의 나머지 모든 간구처럼, 이 간구도 예수님의 삶과 사역에 튼튼히 뿌리박고 있다. 앞서 보았듯이, 예수님은 1세기 이스라엘의 희망과 두려움에 깊이 뿌리 내리셨고, 이스라엘이 참 하나님의 백성이라는 믿음을 굳게 붙잡고 계셨다. 그러나 이 부르심은 무엇을 의미하는가? 초기 예언자들부터 예수님 시대 직전의 예언자들까지, 유대 환상가들은 이스라엘의 부르심을, 억압과 고통이라는 큰 틀에서 보았다. 밤이 점점 어두워질 것이다. 칠흑같이 어두울 때, 희망이 죽고 두려움이 지배할 때, 마침내 새벽별이 뜰 것이다. 온 세상이 이스라엘을 중심으로, 해산하는 여인처럼 슬픔과 고통의 환난 기간에 들어갈 것이다. 여기에서 새로운 세상이 태어날 것이다. 하나님의 나라가 임하며, 그분의 뜻이 하늘에서처럼 땅에서도 이루어질 세상이다. 이스라엘의 과업은 "보십시오, 나는 주님의 종입니다"라고 말하고, 그럼으로써 하나님의 아픔과 고통의 통로와 매개, 그분이 악을 이기는 승리의 통로와 매개가 되는 것이었다.

예수님은 다른 많은 주제처럼 이 주제 역시 자신의 유대 전통에서 취하시어 종합하셨다. 시험, 유혹, 시련은 그분의 공생애 전체의 특징이었다. 예수님은 세례를 받으신 직후, 새롭게 확증된 자신의 소명이 품은 거대하고 엄청난 의미와 씨름하셨다. 이 씨름은, 실제 유혹을 실제로 모두 물리치는 일이 그렇듯, 한 손을 잘라버리거나 한 눈을 뽑아버리는 것처럼 느껴졌을 일련의 선택에 집중되었다. 그리고 예수님은 성령의 능력 안으로 돌아와 하나님 나라를 선포하셨다. 그분은 어디를 가든지 반대에 부딪치셨다. 때로 이것은 고통에 매인 영혼들이 소리 지르고 미쳐 날뛰는 형태로 나타났다. 혹은 동일하게 고통에 매여 있고 무지몽매한 영혼들이 그분을 비난하고 공격하며, 자신이 이성의 소리와 옛 전통을 대변한다고 주장했다. 예수님을 따르는 이들, 심지어 친히 선택하신 오른팔도 그분을 반대했는데, 예수님은 이것을 사탄의 반대라고 일컬으셨다. 예수님은 "나는 받아야 할 세례가 있다"라고 말씀하셨다(눅 12:50, 새번역). 그분은 사역 말미에 이르러 자신을 따르는 이들에게 "너희는 내가 시련을 겪는 동안에 나와 함께한 사람들이다"라고 말씀하셨다(눅 22:28, 새번역).

마지막으로, 겟세마네에서 예수님은 자신에게 건네진 잔을 피하려 하셨다. 그러나 그분은 이러한 거리낌을 고뇌의 기도로 바꾸셨고, 마침내 손을 뻗어 순종함으로 독이 든 성배를 받으셨다. 마리아는 말했었다. "보십시오, 나는 주님의 종입니다." 보라. 이번에는 그 여자의 아들이다. 이것이 악의 얼굴을 빤히 노려보는 순종의 모습이다.

겟세마네는 "우리를 시험에 빠지지 않게 하시고, 다만 악에서 구하소서"라는 기도에 내포된 가장 깊은 의미를 보여 준다. 거듭거듭 예수님은 자신을 따르는 이들에게 말씀하신다. "시험에 들지 않게 깨어 기도하라." 예수님이 하필 이 순간 자신을 따르는 이들에게, 사소하고 개인적인 죄의 유혹을 받을 때를 대비해 기도하라고 말씀하셨다는 생각은 얼토당토않다. 그런 뜻이 아니다. 예수님은 자신의 모든 삶이 지금껏 향했던 바로 그 순간이, 모든 이스라엘 역사가 그때껏 향했던 바로 그 순간이 자신을 향해 달려오고 있음을 보셨다. 여기서 '시험'(temptation)이라는 단어는 '평가'(testing)나 '환난'(tribulation)을 뜻한다. 대환난, 새 시대의 산통, 공포와 깊은 어둠의 순간이 그분을 향해 빠르게 달려오고 있다. 고뇌의 순간에, 예수님은 자신을 삼킬 악의 소용돌이가 가까운 이들까지 삼킬까 봐 두려워하셨는데, 그럴 만한 이유가 충분했다. 예수님은 자신이, 홀로 아무 도움도 없이 그 소용돌이로 들어가야 한다는 것을 아셨다. 그래야 그 소용돌이가 자신을 삼키느라 힘을 잃고, 나머지 세상을 놓아 줄 것이기 때문이다. 따라서 그분을 따르는 이들은 반드시 기도해야 한다. "우리를 시험에, 큰 환난에 들지 않게 하시고, 다만 악에서 구하소서."

그러므로 우리는 이 사실을 붙잡아야 한다. 예수님은 이 기도를 자신의 제자들에게 주셨지만, 친히 이 기도를 하셨을 때 **'안 된다!' 는 응답을 받으셨다**는 것이다. 예수님은 이것을 주기도 앞부분에 명시하셨다(아버지의 뜻이 이루어지게 하소서). 예수님은 "뜻이 이루어지게 하소서"라는 기도와 "우리를 시험에 빠지지 않게 하시고, 악에서 구하소서"라는 두 기도를 나란히 두셨을 때, 자신이 하나님의 뜻에 따라 특별한 소명을 받았음을 아셨다. 예수님은 시험에 드는 자, 악에서 구함을 받지 **못한** 자가 되실 터였다.

우리는 여기서 놀라운 신비의 문턱에 이르는데, 우리는 성탄절 자체와 더불어 수태고지(受胎告知)를 기념할 뿐이다. 이 모두가 수태고지로 연결되기 때문이다. 많은 유대 처녀들이 메시아가 자신의 몸에서 나오길 바랐다. 그러나 마리아의 꿈이 실현되려면, 그녀의 꿈마저 산산조각 나야 했다. 예수님은 자신의 어머니와 그 어머니의 동시대 사람들이 생각했던 메시아로 부름을 받은 것이 아니었다. 언젠가 알베르트 슈바이처가 말했듯이, 예수님은 자신을 세계사의 수레바퀴에 내던져 자신을 부서뜨려서라도 수레를 반대 방향으로 돌리라는 소명을 받으셨다.

이것은 예수님만의 특별한 소명이다. 우리는 그분이 가시는 곳을 따라가지 못한다. 그러므로 우리는 악의 권세에서 건짐을 받도록 기도하라는 명령을 받는다. 그리고 우리는 확신을 품고 이 기도를 할 수 있다. 예수님이 그 권세와 맞서시고 단번에 영원히 물리치셨기 때문이다.

그렇다면 악은 무엇이며, 우리는 어떻게 악에서 건짐을 받는가? 앞 장에서 다룬 죄책에 관한 질문처럼 이 질문에서도 우리는 세 가지 잘못된 대답을 듣는다.

첫째 대답은, 머리를 모래에 처박으라, 즉 외면하라는 것이다. 우리는 악이 실제로 존재하지 않거나, 존재하더라도 그다지 중요하지 않은 척할 수 있다. 그렇다. 우리는 사람들이 이따금 어리석은 짓을 하기는 하지만, 그래도 모두 좀더 노력하면 다 잘 될 거라고 말한다. 이건 마치 집에 불이 났는데, "좀 더워지는군. 하지만 옷을 한 겹 벗고 얼음물을 마시면 괜찮아질 거야!"라고 말하는 것과 같다.

둘째 대답은 첫째 대답의 거울 이미지와 같은데, 악 속에 뒹굴며 악이 사방에 만연하도록 내버려두라는 것이다. 급진적인 악이 있고, 그 악이 당신보다 훨씬 세다는 사실을 깨닫게 된다면, 자신도 악해지거나 덤불 뒤에서 귀신을 보는 과대망상에 빠지면 그만이다. 그러나 어느 쪽이든, 당신은 항복하는 셈이다. 사실 그것은 스스로 무너진 채 악이 당신을 지배하게 두는 일이기 때문이다.

셋째 대답은, '자기 의'다. "주님, 제가 다른 사람들과 같지 않은 것에 감사합니다." 그렇다. 악은 저 바깥에 있으니 괜찮다. 어쨌거나 우리는 의로운 자, 거룩한 자이며, 백마를 타고 악과 싸우러 나가라는 소명을 받았다. 그러나 자기 의로 무장한 싸움이 그 자체로 악의 징후라면 어떻게 되는가?

단순화하는 위험이 있기는 하지만, 짝을 지어 본다면, 예수님 시대에 첫째 방식(악을 무시하기)은 사두개인들의 방식이었다. 둘째(악 속에 뒹굴기)는 에세네 파의 방식이었다. 셋째(악에 맞서 열심히 싸우기)는 바리새인의 방식이었다. 예수님은 셋 중 어느 하나도 받아들이지 않으셨고, 자신을 따르는 이들도 그렇게 하길 원하지 않으셨다. 예수님의 방식은 악의 실체와 힘을 인정하고, 하나님 나라 선포라는 실체와 힘으로 악을 대면하는 것이다. 그 결과가 바로 겟세마네와 골고다다. 자신을 따르는 이들에게 가르치신 예수님의 방식은, 악을 있는 그대로 인정하면서 "우리를 악에서 구하소서"라고 기도하는 법을 배우게 하는 것이다. 이 주님의 기도 말미에 나오는 '시험'과 '악에 관한 간구를 뺀다면, 잘못된 첫째 길로 들어서는 셈이다. 주님의 기도에서 '시험'과 '악'에 관한 간구만을 중요하게 여긴다면, 잘못된 둘째 길로 들어서는 셈이다. 자신을 이 기도의 응답이라 여겨, 자신의 덕이 세상을 악에서 구하리라고 생각한다면, 잘못된 셋째 길로 들어서는 셈이다.

주기도 전체 문맥에서, 이 기도는 적절한 균형을 이룬다. 예수님은 자신을 따르는 이들이 악의 실재를 인정할 뿐만 아니라, 악에 대한 자신의 승리라는 실재도 인정하게끔 하려 하신다. 우리는 이러한 균형의 양면을 다 살펴야 한다.

악은 실재이며 강력하다. 악은 그저 '저 바깥'에, 다른 사람들 속에 존재하는 게 아니라 우리 각자 속에 존재하며 활동한다. 더 나아가, '악'은 모든 악한 충동과 행위의 총합 그 이상이다. 하나님 아닌 다른 것을 예배하기 시작할 때, 인간은 파괴와 증오의 세력에 권위를 부여하는 셈이다. 그렇게 할 때 이러한 세력은 집단적으로 힘을 얻는데, 그리스도인들은 수세기를 지나며 이러한 힘을 경험했고, 지혜로운 사람들은 이러한 힘을 의인화해 사탄, 즉 참소하는 자라는 이름을 붙였다. '사탄', '악한 자'는 하나님과 동등하지 않으며, 하나님의 상대가 되지도 않는다. 그러나 그는 강력한 힘이며, 하나님의 선한 피조물을, 특히 인간, 곧 하나님이 자신의 세상을 다스리는 권세를 주기 원하시는 존재를 대적했다. 이 모두가 사실이 아니라면, 주기도의 마지막 간구는 쓸데없는 용두사미다.

그러나 예수님이 악에게 거두신 승리는 실재이며 강력하다. 이 승리는 '저 바깥'에 있을 뿐 아니라, 2천 년 전에 일어난 역사적 사실일 뿐 아니라, 지금 여기서 우리 각자가 이용할 수 있는 승리이기도 하다. 우상숭배에서 등을 돌리고 골고다에 계시된 하나님을 예배하기 시작할 때, 인간은 어둠에서 빛으로, 강한 자에게서 강한 자를 결박하신 분에게로 돌아서게 된다. "악에서 구하소서" 또는 "악한 자에게서 구하소서"라고 기도하는 것은 십자가의 승리를 깊이 들이마시고, 그럼으로써 또 한 순간, 또 한 시간, 또 하루를 우리 자신과 세상 속에 도사린 파괴 세력에 맞서 밀리지 않는다는 뜻이다.

우리가 악을 진지하고도 철저히 분석하기를 꺼리는 이유는 하나뿐이다. 십자가에서 하나님이 악을 진지하고도 철저하게 다루셨다는 사실을 잊기 때문이다. 우리는 여전히 자기 속에 도사린 악을 대면하기를 본능적으로 두려워한다. 또 어쩌면, 우리는 악에 대한 하나님의 해결책을 부여잡는 일과 관련된 낮아짐도 두려워한다. 우리의 두려움은 당연하다. 우리는 마리아의 아픔에 참여하라는 소명을 받는다. 곧 하나님의 소망과 두려움을 품은 사람이 되고 세상의 소망과 두려움의 초점이 되는 '데오토코이'(*theotokoi*)의 아픔에 참여하라는 소명을 받는다. 두렵든지 아니든지, 이것은 우리가 가도록 부름 받은 길이다.

더 구체적으로 살펴보자. 이러한 주기도의 이중 구절을, 예수님의 과제와 소명을 들이마시고, 이것을 우리 자신의 삶과 일을 통해 다시 한 번 살과 피로 바꾸는 방식으로 사용한다는 것은 어떤 의미인가?

첫째, 이것은 분투와 싸움에 참여하겠다고 서명한다는 뜻이다. 세례 받으신 직후, 예수님은 광야로 들어가 자신의 머릿속에서 속삭이고 비웃으며 구슬리고 꾀는 목소리를, 자신이 원수의 소리로 인식하게 된 목소리를 대면하셔야 했다. 그렇다면 우리가 그런 일을 겪지 않으리라고 생각할 이유가 어디 있는가? 늙은 현자이자 유대 저자인 벤시라(Ben-Sira)는 이렇게 말한다. "주님을 섬기려면, 시험받을 준비를 하라." 기독교 신앙과 헌신에서 그 핵심은, 확연한 장애물과 유혹 앞에서 믿음을 붙잡고 헌신을 놓지 않는 것이다.

당연하게도, "시험에 빠지지 않게 하시고"라는 기도는, 하나님이 사람들로 하여금 유혹을 받게 하신다는 뜻이 아니다. 오히려 여기에는 정도가 다른 세 가지 의미가 내포되어 있다. 첫째, 이것은 "온 세상에 임하는 큰 환난에서, 큰 시험에서 벗어나게 하소서"라는 뜻이다. 둘째, 이것은 "우리가 감당하지 못할 유혹에 빠지게 하지 마소서"라는 뜻이다(고전 10:12-13과 비교해 보라). 셋째, 이것은 "믿음의 시험을 안전하게 통과하게 하옵소서"라는 뜻이다. 바꾸어 말하면, 수태고지의 말씀을 듣고, 떨면서라도 이렇게 말하게 해 달라는 뜻이다.

"보십시오, 나는 주님의 여종입니다. 당신의 뜻이 이루어지이다. 우리를 악에서 구하소서." 우리는 이렇게 하나님의 새로운 세상이 마침내 태어나도록, 자신의 삶 속에서 온 세상의 기쁨과 아픔이 다시 한번 만나게끔 하는 사람들이 되어야 한다.

이것은 우리 각자에게 서로 다른 의미를 갖는다. 우리는 자신만의 시험이나 유혹과 씨름하기 때문이다. 그러나 이렇게 할 때, 우리는 자신보다 훨씬 더 큰 무엇 속으로 이끌려 들어간다. 우리는, 살아 계신 하나님이 모든 시대의 소망과 두려움을 한데 모아 처리하시는 큰 운동의 한 부분이다. 그리고 우리가 하나님이 우리 자신의 소망과 두려움을 이렇듯 부드럽고도 강력하게 처리하신다는 것을 들을 때, 이번에는 우리 자신이 이와 같은 일들이 더 넓은 세상으로 확산되게 하는 수단이 되라는 부름을 받는다. 마리아가 세상의 구원을 위해 자신을, 자신의 기쁨과 아픔을 내어놓을 때, 우리는 마리아 곁에서 기도하라는 부름을 받는다. 제자들이 예수님과 함께 기도하려고 애쓰지만 혼란과 졸음으로 넘어질 때, 우리는 제자들 곁에서 기도하라는 부름을 받는다. 무엇보다도, 예수님이 겟세마네에서 우시고 골고다에서 비틀거리실 때, 우리는 그분 곁에서 기도하라는 부름을 받는다.

이렇게 할 때, 우리는 이러한 눈으로 세상을 보고 기도하라는, 진심으로 기도하라는 부름을 받는다. **우리를 시험에 빠지지 않게 하소서! 악에서 구하소서!** 이것은 하나님 나라를 구하는 기도의 일부다. 이것은 파괴하고 비인간화하며 창조 세계를 거스르는 세력이 결박되고 재갈 물려지기를, 하나님의 선한 세상이 이들의 늪에서 벗어나기를 구하는 기도다. 하나님의 귀하고 위태로운 세상을 직시하고, 도와 달라는, 구해 달라는, 꺼내 달라는, 그 말로 표현할 수 없는 외침을 모아 이 기도를 드리는 것이 우리의 책임이다. 우리를 전쟁의 공포에서 구하소서! 우리를 인간의 어리석음과 거기서 비롯되는 끔찍한 사고에서 구하소서! 우리로 하여금 이곳이 부자의 요새와 가난한 자의 판자촌이 공존하는 사회가 되지 않게 하소서! 우리로 하여금 사회적 폭력과 독선에 휩싸이지 않게 하소서! 우리를 오만과 교만에서, 그것이 사람들에게 자행하는 끔찍한 일에서 구하소서! 우리를, 우리 자신에게서 구하소서.…그리고 우리를 악한 자에게서 구하소서.

안전거리 밖에서 이런 기도를 할 수는 없다. 마리아가 그렇게 부름 받았듯이, 하나님 나라가 자신 속에서 태어나는 일에 '예'라고 대답할 때에야, 예수님을 따라 겟세마네로 가라는 부름 앞에 설령 그 이유를 모르더라도 '예'라고 대답할 때에야, 아픔의 자리에 가서 예수님의 이름으로 그 아픔을 함께 나누고 그 아픔을 겟세마네에서 우셨고 골고다에서 돌아가신 하나님 앞에 기도하며 내어놓으라는 부름 앞에 '예'라고 답할 때에야, 우리는 비로소 이 기도를 할 수 있다. 바울은 극적이고 대담한 구절에서 "그리스도의 남은 고난을 그의 몸된 교회를 위하여 내 육체에 채우노라"라고 말하며(골 1:24), 자신의 가장 위대한 글이자 신학이 담긴 한 구절에서(롬 8:18-27) 기도에 대해 설명하면서, 교회가 세상 속에서 신음할 때 성령께서도 교회 안에서 신음하신다고 말한다. 그러므로 주기도의 이 구절을 기도하라는 말은 수태고지의 사람들, 겟세마네의 사람들, 골고다의 사람들이 되라는 뜻이다. 온 세상의 소망과 두려움, 기쁨과 아픔이 성령을 통해 그리고 우리 자신의 경험을 통해, 하나님의 소망과 두려움, 하나님의 기쁨과 아픔이 되도록, 우리는 세상이 아픔을 겪는 곳에 살며 그곳에서 기도하라는 부름을 받는다.

그러므로 우리에게 이 기도를 주심으로써, 예수님은 앞장서서 어둠 속으로 걸어 들어가 그 어둠 또한 하나님께 속했음을 발견하라고 우리를 초대하신다. 그러나 우리가 일단 어두운 밤으로 들어갔다면, 우리가 주기도를 입술에 두고 어둠 속으로 들어갔다는 이 사실은, 그 어둠이 깨뜨려질 때 펼쳐질 것은 (단순한 기분좋음이 아니라) 영광 그 자체일 것이라는 의미다. 그 영광은, 갑작스런 빛 속에서 엄마를 보며 눈을 깜빡이고, 엄마의 얼굴을 바라보며, 엄마의 마음을 통해 하나님이 두려움을 이기시고 우리를 악에서 구해 내 마침내 자신의 나라로 인도해 들이시리라는 희망과 약속을 보는, 한 자그마한 아기의 울음과 함께 깨어난다.

6장

권능과 영광이

누가는 이렇게 말한다. "그 때에 아우구스투스 황제가 칙령을 내려 온 세계가 호적 등록을 하게 되었는데"(눅 2:1, 새번역). 성탄절 노래에서 듣고 또 들어 너무나 잘 아는 구절이다. 그래서인지, 누가가 이곳을 비롯해 그의 복음서에서 말하려 한 게 무엇인지 잠시 멈추어 생각해 보지 않더라도 용서될 것 같다. 한 짧은 단락(눅 2:1-14)에서, 누가는 로마의 위대한 황제에게서 장차 세상을 다스릴 새 왕에게로 눈을 돌린다. 누가에게, 어느 쪽이 천사들로 하여금 노래하게 하는지는 의문의 여지가 없다. 우리가 너무나 잘 알고 또 너무나 잘 모르는 이 이야기를 들여다보노라면, 우리가 "나라와 권능과 영광이 영원히 아버지의 것입니다"라고 할 때 그 속에 내포된 의미를 어렴풋이나마 파악할 수 있을 것이다.

예수님이 태어나신 때는, 아우구스투스가 자신이 장악한 전 지역의 군주로 군림한 지 이미 25년이 넘은 무렵이었다. 그는 왕들의 왕이었고, 지브롤터에서 예루살렘에 이르고, 영국에서 흑해에 이르는 거대한 영토를 다스렸다. 그는 앞서 200년 동안 아무도 하지 못한 일을 해 냈다. 그는 드넓은 로마 세계 전역에 평화를 가져왔다. 그러나 이 평화는, 값을 지불하고 얻은 평화였다. 그 값은 변방의 피지배민이 현금으로 치렀고, 옛 공화정을 그리워하는 사람들은 조금 애매한 방식으로 치렀다. 이제 권력은 한 사람에게 집중되었고, 그의 왕국은 땅끝에서 땅끝까지 넓어졌다. 가장 위대한 고대 역사학자 가운데 하나로 꼽히는 아르날도 모밀리아노(Arnaldo Momigliano)가 말했듯이, "[아우구스투스는] 평화가 제국의 이익과 자신의 영광이라는 신화와 맞아떨어지는 한에서 평화를 주었다." 간단하게 말하면 이렇다. 인간 제국은 규정하기 어려운 구조물이다. 그 절대 권력의 왕국은 그 꼭대기에 앉은 자에게는 영광을, 그 은혜를 입는 자들에게는 평화를 준다.

누가는 그렇다고 말한다. 이제 무슨 일이 일어나는지 보라. 이 사람, 이 왕, 이 절대 군주가 로마에서 손가락을 까딱였다. 그러자 2,400킬로미터 떨어진 변방에서 젊은 남녀가 위험한 여정에 오르고, 어느 작은 동네에서 아기를 낳는데, 고대 히브리 예언에서 메시아가 오시리라고 했던 바로 그 동네다. 아기가 태어나자 천사들이 영광과 평화를 노래한다. 어느 쪽이 진짜이고, 어느 쪽이 패러디인가?

여기서 다시 잠시 멈춰야 한다. 누가가 우리에게 상기시키려는 미가서 5장의 한 구절은 너무나 잘 알려져 있으면서도 너무나 소홀히 취급되기 때문이다. "베들레헴 에브라다야 너는 유다 족속 중에 작을지라도 이스라엘을 다스릴 자가 네게서 내게로 나올 것이라"(미 5:2). 이 구절은 공중 앞에서 읽힐 때 대개 한두 절 앞에서 잘린다. 4절은 아우구스투스를 불안에 떨게 할 법한 프로젝트를 시작한다. "그가

[즉 오시는 왕이] 여호와의 능력과 그의 하나님 여호와의 이름의 위엄을 의지하고 서서 목축하니, 그들이 거주할 것이라. 이제 그가 창대하여 땅 끝까지 미치리라." 그러나 다음 절이 계속된다. "이 사람은 평강이 될 것이라."

평화가 어떻게 이루어지겠는가? 이어지는 몇 절은 오실 왕, 유대 베들레헴에서 태어날 왕이 어떻게 자기 백성을 외국 황제들의 손에서 구해 낼 것인지 묘사한다. 미가 시대에 이 제국은 아시리아였다. 그러나 누가의 독자들은 이 제국을 로마로 바꿔 생각하는 데 전혀 어려움이 없었을 것이고, 따라서 누가는 뒤이은 세대들도 똑같이 그 시대에 맞게 바꿔 생각하길 바랐을 것이다. 헤롯은 동방 박사들이 전해 준 소식에 불안해졌다. 천사들이 목자들에게 전했다는 소식을 누군가 아우구스투스에게 전했다면, 아우구스투스도 불안했을 것이다.

누가가 하는 일을 가만히 보다 보면, 갑자기 이 장면은 더 이상 낭만적이고 목가적인 풍경, 시골 목자들이 아기 왕에게 경배하는 풍경이 아님을 알게 된다. 이 장면은 두 왕국에 대한 매우 분명한 진술이다. 두 왕국은 경쟁할 것이고, 평화와 권력과 영광을 전혀 다르게 정의한다.

여기 로마의 늙은 황제가 있다. 예수님이 태어나실 무렵, 그는 60세를 넘기고 있었다. 그는 아마도 이교도 왕국을 대표하기에 최고의 인물이 아닐까. 적어도 그는 평화와 안정이 좋다는 것을 안다. 그러나 불행히도 그는 평화와 안정을 얻기 위해 많은 사람을 죽여야 했고, 평화와 안정을 유지하기 위해 정기적으로 더 많은 사람을 죽여야 했다. 또한 안타깝게도 그의 진정한 관심은 자신의 영광이었다. 그가 죽기 전에 숱한 신하들이 이미 그를 신으로 떠받들기 시작했다.

이와는 대조적으로, 여기 베들레헴에 어린 왕이 있다. 그는 목에 현상금을 건 채 태어났다. 그는 위험한 대안, 다른 제국, 다른 권세, 다른 영광, 다른 평화의 가능성을 대표한다. 두 체제가 서로 맞선다. 아우구스투스의 제국은 밤에 불을 환하게 밝힌 방 같다. 램프들이 아름답게 배열되어 있다. 램프는 아름다운 형태를 만들어 낸다. 그러나 램프가 바깥의 어둠을 몰아내지 못했다. 예수님의 나라는 떠오르는 새벽별 같다. 이제 촛불을 끄고 커튼을 열어젖힌 채 밝아 오는 새 날을 맞을 때라고 신호한다. 지극히 높은 곳에서는 하나님께 영광이요 땅에서는 하나님이 기뻐하신 사람들 중에 평화로다!

우리는 "나라와 권능과 영광이 영원히 아버지의 것입니다"라며 주기도를 끝맺을 때마다 이러한 현실의 이중적 비전을 떠올린다. 주기도를 끝맺는 이 송영은 마태복음이나 누가복음의 제일 좋은 사본들에는 없으며, 비교적 최근 몇백 년 전에야 이 부분이 서방 기독교의 전례에 회복되었다. 그러나 이 부분은 예수님 시대부터 백 년 남짓한 기간에 이미 확고하게 자리를 잡았다. 그리고 예수님 당시 유대인의 여러 기도 형태를 볼 때, 예수님이 단순히 "우리를 악에서 구하소서"라는 말로 기도를 끝내셨다고 생각하기란 사실상 불가능하다. 이와 비슷한 것이 처음부터 있었을 것이다. 어쨌든, 이 송영은 주기도 전체의 메시지와 정확히 일치한다. 주기도는 다름 아닌 하나님의 나라, 하나님의 권능, 하나님의 영광에 관한 기도다. 현실에 대한 대안적 비전이, 단지 비전이 아니라 현실이 되리라는 기도다. 베들레헴의 아기가 진짜이고, 아우구스투스는 그 패러디가 되리라는 기도다.

이렇듯 이 기도는 예수님의 삶과 사역 전체를 다시 한 번 압축한다. 요한은 이것을 자신만의 방식으로 요약한다. "말씀이 육신이 되어 우리 가운데 거하시매 우리가 그의 영광을 보니 아버지의 독생자의 영광이요 은혜와 진리가 충만하더라"(요 1:14). 주목하라. 이것은 '영광'에 대한 주의 깊은 **재정의**다. 육신이 되신 말씀을 볼 때, 우리는 아우구스투스 황제와 그의 업적에서 나오는 영광을 보는 게 아니다. 하나님의 가족으로서 하나님과 꼭 닮은 영광을 본다. 황제의 영광은 온통 잔인한 폭력과 깊은 모호함이다. 그러나 하나님의 영광 —예수님의 영광— 은 은혜와 진리가 충만하다. 외양간의 아기 왕은 인간의 제국이 상징하는 모든 것을 뒤집는다.

요한복음 말미에서 빌라도가 예수님에게 두 가지 질문을 던질 때, 두 제국은 정면으로 충돌한다. "진리가 무엇이냐?"(요 18:38) "내가 너를 놓을 권한도 있고, 십자가에 못 박을 권한도 있는 줄 알지 못하느냐?"(요 19:10). 이것이 세상이 아는 나라와 권세와 영광의 언어다. 두 반쪽이 서로를 어떻게 지탱하는지 주목하라. '내 나라(왕국)를 지지하라. 그러지 않으면 너를 죽이겠다'라고 말하기 위해, 이교 제국은 진리란 없다고 말해야 한다. 누군가 진리를 말할 뿐 아니라 그 진리를 삶으로 산다면, 이교 제국은 그를 죽이는 것 외에 대안이 없다. 예수님은 빌라도에게 답하시면서, 모든 권세는 위에서 온다는 것을 조용히 상기시키고, 진리이신 **존재**로서의 일을 해내신다. 다시 말해, 세상의 구원을 위해 하나님의 사랑을 진정으로 살아가신다. 외양간의 아기에 대한 누가의 메시지는 최고의 이교 제국들과 맞서며, 우리에게 진리와 평화를, 무엇보다도 나라와 권능과 영광을, 철저하게 전면적으로 다시 정의하라고 요구한다.

주기도의 마지막 구절은 우리를 예수님의 삶과 사역을 구성하는 두 부분으로 인도하는데, 이 얇은 책을, 머리 없이 몸통만 남은 조각상으로 남겨두지 않으려면 이 부분을 꼭 살펴보아야 한다. 앞서 우리는, 예수님이 하나님을 '아버지'라 부르셨다는 것이 어떤 의미인지 살펴보았다. 하나님 나라를 구하는 예수님의 기도가 혁명적인 이중적 의미를, 곧 일용할 양식의 풍성한 공급과 놀라운 용서를 내포한다는 것도 살펴보았다. 그리고 예수님이 암흑의 자리에 들어가, 악의 본거지에서 악과 싸워 악을 이기셨다는 것 역시 살펴보았다. 그러나 이제 전체를 하나의 꾸러미로 정리하면서, 예수님 자신에 대해 우리는 무엇을 말할 수 있겠는가?

이 질문의 실마리는 예수님이 들려주신 몇몇 이상한 이야기에 나온다. 예수님은 떠났다가 돌아오는 주인, 왕, 아버지에 관한 이야기를 거듭 들려주셨다. 예수님 자신이 마침내 돌아와 자신이 없는 사이에 종들이 해 놓은 일을 평가하실 것이다. (하나님 나라에 관한 장에서 이 주제를 간략하게 살펴보았다.) 꽤 이른 초기부터, 교회는 이러한 이야기를 예수님의 재림에 비추어 읽었다. 예수님은 승천하셨고, 마지막 날에 구원자와 심판자로 다시 오신다. 그러나 내가 보기에, 예수님은 이 이야기들을 재림의 의미로, 적어도 재림을 이 이야기들의 기본적 의미로 의도하지 않으신 게 분명하다. 어쨌든 예수님의 청중은 하나님 나라를 간절히 기다렸다. 그 기다림의 일부는, 이사야의 강림 메시지 이후, 야웨께서 시온으로 돌아오신다는 것이었다. 이스라엘의 하나님이 자신의 죄악된 백성이 포로의 운명을 겪도록 내버려두셨다. 그러나 그분은 마침내 돌아와 온 땅의 왕이 되실 것이다. "여호와의 영광이 나타나고 모든 육체가 그것을 함께 보리라"(사 40:5). 이것이 온전한 금관악기와 오르간으로 연주될 나라와 권능과 영광이라는 주제다.

예수님은 마지막에 이런 일이 일어나리라는 이야기를 들려주실 뿐 아니라, 마치 이런 일이 자신의 사역에서, 자신의 사역을 통해 일어나고 있다는 듯이 행동하신다. 온전한 금관악기를 서툰 목관악기로 바꿔 보라. 예수님은 놀라운 이야기, 귀족이 돌아와 자신이 없을 때 종들이 한 일을 확인하는 이야기를 들려주실 때, 예루살렘으로 향하고 계셨다. 이 비유의 경고가 그분을 따르는 자들의 귀에 아직도 쟁쟁할 때, 예수님은 나귀 새끼를 타고 감람산에 올라 예루살렘을 보며 우셨다. 예수님은 눈물을 흘리며 말씀하셨다. "너도 오늘 평화에 관한 일을 알았더라면 좋을 뻔하였거니와, 지금 네 눈에 숨겨졌도다"(눅 19:42). 너희 원수들이, 로마인들이 와서 너희를 멸하리라. 너희가 하나님의 방문 시간을 알지 못하였기 때문이다.

이렇게 말씀하시면서, 예수님은 나귀를 타고 성으로 들어가 성전을 향해 심판의 비유를 행동에 옮기셨다. 강림이라는 것은, 혈과 육에게는 이렇게 보인다. 즉 "너희가 구하는 바 주가 갑자기 그의 성전에 임하시리니"(말 3:1). 하지만 누가 그분이 오시는 날까지 살겠는가? 예수님은 베들레헴의 예수로, 평화의 왕으로 이미 오셨다. 그러나 예루살렘은 그분이 제시하신 평화의 길을 거부하고, 대신 칼의 길을 선택했다. 칼의 길은, 예수님이 베드로에게 말씀하셨듯이 결과가 하나뿐이다. 예수님은 자신이 태어날 때 천사들이 노래했던 메시지를, 어른이 되었을 때 실행에 옮기셨다. 그분이 자기 백성에게 오셨으나, 그들은 그분을 영접하지 않았다(요 1:11). 요한이 그의 방식으로 말한 것을, 누가는 자신의 방식으로 말한다. 예수님은 단지 이스라엘 하나님의 대변자가 아니셨다. 그분은 하나님의 말씀 그 자체였고, 사람으로 오신 이스라엘의 하나님이었으며, 야웨의 시온 귀환을 분명하게 실행하셨다.

그때 로마 황제가 또다시 칙령을 내렸고, 그 칙령은 2,400킬로미터 떨어진 곳에 엄청난 영향을 미쳤다. 반란을 일으키는 왕들을 십자가에 처형하라는 것이었다. 대제사장은 빌라도에게 "이 사람을 놓아 주면, 총독님은 황제 폐하의 충신이 아닙니다"라고 했다(요 19:12, 새번역). 바로 이것이 그 옛날의 약속이 성취되고, 주의 영광이 나타나 모든 육체가 함께 보게 될 때의 모습이었다. 한 유대인 청년이 감람산에 올라 눈물을 흘리고, 성전에서 상인들을 몰아내며, 황제의 명령으로 죽는다. 다시 한 번, 누가는 우리로 하여금 깨닫게 하려 한다. 하나님이 영광을 받으신다고 천사들이 노래하며, 평화의 길이 마침내 성취되었다고 노래한다는 것이다. 이것이 나라와 권능과 영광에 대한 궁극적 재정의다. 자신의 영광을 꾀하려던 황제의 계획을 틀어, 하나님은 진정한 나라를 세우셨다.

그렇다면 우리는 주기도의 마지막 구절을 어떻게 받아들여야 하고, 예수님의 메시지와 그분의 과제와 그분의 삶 자체를 호흡으로 들이마셔 우리 자신의 것으로 삼기 위해 이것을 어떻게 활용해야 하는가?

첫째, 이것은 사명과 위임의 기도다. 예수님이 온 세상의 진정한 왕이시라면, 그분의 나라가 권능과 영광을 재정의해 구유와 십자가와 동산에서 보이게 한다면, 이 기도를 한다는 말은 이 나라, 이 권능, 이 영광이 온 세상에 보이도록 기도한다는 뜻이다. 우리 자신의 삶을 대안적인 하나님 나라 비전에 바치는 것은 필수적인 출발점이기는 하지만, 이것으로는 부족하다. 이 비전이 실현되도록, 우리는 세상 통치자들, 곧 자신들의 합당한 왕이신 분의 주장을 대면하는 자들과 함께 기도하고 노력해야 한다.

따라서 이 기도를 했다면, 황제의 나라의 권능과 영광에 잠자코 동의해서는 안 된다. 누군가 이 기도를 하는 것을 들었다면 아우구스투스는 무슨 일이 벌어지는지 아주 잘 알았을 테고, 자신의 보좌에서 떨었을 것이다. 교회가 하나님 나라로써 세상 나라들을 뒤엎을 준비가 되어 있지 않다면, 정직한 행동은 하나뿐이다. 주기도로, 특히 마지막 송영으로 기도하기를 완전히 포기해야 한다.

둘째, 이것은 성육신과 권한 부여의 기도다. 예수님이 하나님 나라를 삶으로 사신 까닭은, 그 자신이 곧 합당한 왕이셨기 때문이다. 그러나 거룩한 담대함으로 예수님처럼 하나님을 '아바 아버지'라 부르는 우리는 자신이 예수님의 성령으로 기름부음 받았다고 믿는다. 물론, '기름부음'은 '메시아'라는 말이 내포하는 의미 가운데 일부다. 교회는 새로운 왕족으로서 이 기도를 한다. 새로운 왕족은 왕권에 대한, 왕족에 대한 철저한 재정의를 토대로, 오직 그것으로 사는데, 이러한 재정의는 구유와 십자가에서 나타난다. 예수님이 무슨 권세로 행하느냐는 질문에 답하실 때 자신의 기름부음을 언급하셨듯이, 교회는 세상 속에서 진정한 왕의 백성으로, 그리스도의 백성으로 적극 행동해야 하며, 왕의 신분, 기름부음 받은 자신의 신분에 호소함으로써 이러한 행동을 정당화할 준비가 되어 있어야 한다. 그러므로 이 기도를 한다는 말은 하나님의 기름부음을 받은 아들 안에서, 하나님의 영광을 위해 일할 때, 예수님의 성령이 가진 권세를 불러낸다는 뜻이다.

셋째, 이것은 확신과 헌신의 기도다. 이것은 나머지 모든 것을 마무리짓고 봉인하는 기도다. 우리가 주기도의 나머지 부분을 자신 있게 기도할 수 있는 까닭은, 하나님이 왕이시고 예수님 안에서 왕이 되셨기 때문이다. 복음서에는 사람들이 예수님의 이름으로 기도할 때 일어나는 일에 관해 수많은 약속이 나온다. 이러한 약속을 진심으로 받아들이는 사람들은, 윌리엄 템플(William Temple)의 말을 빌리면, 자주 이렇게 말한다. "제가 기도할 때 우연의 일치가 생깁니다. 제가 기도를 그칠 때 우연의 일치도 멈춥니다."

예수님의 이름으로 하는 기도는 마술이 아니다. 이따금 사람들은 예수님의 이름으로 하는 기도를 마치 마술처럼 이용하려 한다. 어떤 사람들은 이런 허튼짓에 대한 반감 때문에 자녀들이 아버지에게 하는 기도의 특징이어야 하는 대범함과 확신을 보여 주지 못한다. 예수님의 이름으로 기도하는 것은 강한 자보다 더 강한 자의 이름을 부르는 것이다. 이것은 자신을 통해 세상의 창조자를 왕이 되게 하신 분, 십자가의 권세로 세상의 권세를 이기신 분, 십자가의 영광으로 세상의 영광과 맞서 세상의 영광을 무색하게 하신 분에게 호소하는 것이다. 예수님 시대에는, 황제의 이름을 빌려 무엇을 요구하면 사람들이 금세 주목했다. 우리가 진정한 만왕의 왕의 이름으로 기도할 때라면 더욱 그러하지 않겠는가?

물론, 우리가 예수님의 이름으로 기도할 때 거듭 발견하는 사실이 있다. 우리가 예수님에게 초점을 맞출 때, 우리의 기도 내용은 미묘하게 달라진다. 외양간에서 영광스럽지 않은 영광으로 계시되고,

십자가에서 권세 없는 권세로 계시되신 분을 우리가 응시할 때, 우리는 크든 작든 자신의 계획과 소망을 기꺼이 보류하고, 하나님이 그것들을 다시 빚으시게끔 한다. 그러나 우리는 이런 과정이 조금씩 서서히 일어나는 것만을 허용한다. 그런 후에야 거룩한 담대함을 갖고 우리 아버지 앞에 나오게 되는데, 그제서야 우리는 그분이 자신을 사랑하는 자들을 위해 인간의 모든 이해를 초월하는 좋은 것들을 실제로 준비해 두셨다는 것을 깨닫게 된다. 찰스 웨슬리(Charles Wesley)는 주기도 마지막 구절의 의미를 잘 파악했고, 모든 것을 이루실 예수님의 재림을 고대하며 그분의 초림을 노래했다.

> 아멘! 모든 사람 주를 송축하라.
> 영원한 보좌에 높이 계신 분을.
> 구주여, 권세와 영광을 취하소서.
> 당신의 나라를 세우소서.
> 속히 임하소서!
> 할렐루야! 오소서, 주님, 오시옵소서![1]

---

1) 새찬송가 174장 '대속하신 구주께서'는 이 부분을 이렇게 옮겼다. "고대하신 예수께서 영광 중에 오실 때/ 왕의 왕이 되신 주를 우리 환영하겠네./ 할렐루야 할렐루야 주여, 어서 오소서."

옮긴이 전의우 목사는 휠체어 장애인이다. 그에게 번역은 하나님이 주신 소명이자 목회이며 일이다. 신학교를 졸업한 1993년부터 지금까지 번역으로 이 땅의 그리스도인과 교회를 섬기며 170여 권을 우리말로 옮겼다. 목회자가 70세에 은퇴하듯, 하나님께서 허락하시면 70세까지 곁눈질하지 않고 오롯이 번역만 하다가 은퇴하고픈 소망을 안고 추풍령 아래 경상북도 김천에서 아내와 함께 살아가고 있다.

주기도와 하나님 나라

초판 발행_ 2014년 3월 21일
초판 3쇄_ 2024년 1월 5일

지은이_ 톰 라이트
옮긴이_ 전의우
펴낸이_ 정모세

펴낸곳_ 한국기독학생회출판부
등록번호_ 제2001-000198호(1978.6.1)
주소_ 04031 서울시 마포구 동교로 156-10
대표 전화_ (02)337-2257 팩스_ (02)337-2258
영업 전화_ (02)338-2282 팩스_ 080-915-1515
홈페이지_ http://www.ivp.co.kr 이메일_ ivp@ivp.co.kr
ISBN 978-89-328-1334-9

ⓒ 한국기독학생회출판부 2014

책값은 뒤표지에 있습니다.
무단 전재와 복제를 금합니다.